Garten mit System

Marianne Scheu-Helgert

Mein Garten –
pflegeleicht und schön

Marianne Scheu-Helgert

Mein Garten – pflegeleicht und schön

Garten mit System

Umschlagfoto Ingeborg Tschakert

Die Deutsche Bibliothek ·
CIP·Einheitsaufnahme

Mein Garten, pflegeleicht und schön/
Marianne Scheu-Helgert.
[Ill.: Manfred Lindner]. ·
Augsburg : Naturbuch-Verl., 1997
    (Garten mit System)
    ISBN 3·89440·232·6
NE: Scheu-Helgert, Marianne;
    Lindner, Manfred

Naturbuch Verlag
© 1997 Weltbild Verlag GmbH, Augsburg
Alle Rechte vorbehalten

Konzeption Gisela Keil, Eurasburg

Illustration Manfred Lindner, Mainz

Bildredaktion Ulrike Rothhahn, PhotoPress

Layout Parzhuber & Partner, München

Umschlaggestaltung Parzhuber & Partner,
München

DTP Wühr, München
gesetzt in der Adobe Garamond

Reproduktion PHG Lithos, Martinsried

Druck und Bindung Interdruck, Leipzig

Gedruckt auf chlorfrei gebleichtem Papier
Printed in Germany
ISBN 3·89440·232·6

Bildnachweis
*Anthony/Freytag: S. 82 o.l.; W. Funke: S. 60
3. v. u., 73 u. (groß), 74 l., 89; Geduldig:
S. 25 o. (groß), 30, 41 2. v. u. und u., 59 u. r.,
61 3. v. o.; L. Hinz: S. 32 l. o., 59 M. r., 68 l. u.,
82/83 M. u., E. Hohenberger: S. 25 2. v. o.,
S. 25 3. v. o., 68/69 M. o.; Interfoto/TG:
S. 48 l.; /Lederer: S. 73 3. v. u. und 3. v. o.;
P. Jarosch: S. 81; Mainbild/Bärtels: S. 58 o. l.,
58 M. l., 58 u. l., 58/59 M. o., 59 o. r.,
58/59 M., 58/59 M. u.; H. Marz: S. 82 u. l.;
K. Paysan: S. 37 o. r.; PhotoPress/Seve:
S. 12; /Kiepke: S. 15 r.; /Rose: S. 34, 36 u. l.;
/Rutel: S. 38 r., 55 o.; /Rogler: S. 46 l.,
/Bolthoff: S. 49 r.; /Kuh: S. 52, 60 o., 88,
/Heinrich. S. 68/69 M. u.; Bildarchiv
Gärtner Pötschke: S. 25 u. (groß), S. 32 l. u.,
36/37 M. u., 36/37 M. r., 37 M. r., 71 r.;
W. Redeleit: S. 10, 14, 15 l., 33 o., 39 r.
und M., 40 o., 45 M. r., 50 alle, 51 alle, 54 l.,
55 r., 56, 57 alle, 80, 83 r., 84 u. l., 86 l.
und u.; Scheu-Helgert: S. 8, 11, 13, 17 alle,
19 alle, 20, 21, 22/23 alle, 24 o. und u.,
25 o. (klein), 4. v. o., 2. v. u., 26 alle, 27 alle,
28 alle, 29 alle, 32 r., 33 u., 35 u., 36 o. l.,
36/37 M. o., 38 l. und M., 39 l., 40 u.,
41 o. und u. (groß), 41 1. und 2. v. o. (klein),
42, 43, 44/45 alle bis auf M. r., 46 M. und
r., 48 M. und r., 49 l. und M., 49 o. (groß),
54 u., 55 M., 60 u., 61 1. und 2. v. o.,
62 alle, 63 alle, 64 alle, 65 alle, 66, 67 alle,
68 o. l., 70 alle, 71 l., 73 o. (groß), 1. v. o.,
2. v. o., 1. v. u., 2. v. u., 74 u. alle, 75 alle,
78 alle, 79, 84 M. und r., 85 o., 85 u. l., 87,
90/91 alle, 92 alle, 93 alle; Silvestris/Bogon:
S. 25 u. (klein), /o. A.: S. 35 r. /Redeleit:
S. 36 M. l.; /Jürgen: S. 61 2. v. u.; /Rauch:
S. 82/83 M. o.; /Alberti: S. 85 u. r.,
/Riedmiller: S. 69 o. l., /Lange: S. 68/69
M.; Seidl: S. 25 3. v. u.; R. Sulzberger:
S. 37 u. r., 68 M. l., I. Tschakert: S. 76*

Umschlaginnenklappen
*Vorne (von oben nach unten): Interfoto
Willner,; Manzke; Hagemann; Hagemann;
Kretschmer (unten links und oben rechts);
PhotoPress/Aska (unten rechts)
Hinten: Geduldig: Seifenkraut, Steinkraut;
Silvestris/ Bühler: Fetthenne, /Gross:
Spornblume, /De Cuveland: Karpaten-
glockenblume; Bildarchiv Gärtner
Pötschke: Sedum spurium; Sulzberger:
Katzenminze, Mauerpfeffer*

Inhalt

Einleitung

Wer träumt nicht einmal davon, im sommerlichen Garten unter einem schattigen Blätterdach zu sitzen? Eine nette Plauderrunde oder wenigstens ein gutes Buch in der Hand vervollständigen das Glück. Nicht umsonst sehnen wir uns danach, im Einklang mit der Natur zu leben. Das Streben nach einem eigenen Häuschen im Grünen steht ganz oben auf der Wunschsliste der Bundesbürger.

Die Wirklichkeit mit ihrer Alltagshetze, mit verplanter Freizeit und Überstunden sieht für viele Menschen jedoch ganz anders aus. Ein Garten bedeutet da scheinbar nur zusätzlichen Streß statt der erhofften Erholung.

Das vorliegende Buch will Ihnen helfen, Ihren Garten so zu gestalten, daß er wirklich zur Entspannung sowie zur Pflege der Nachbarschaft und der Geselligkeit beiträgt. Es enthält Tips zur Vereinfachung vieler Arbeitsabläufe und stellt manche arbeitsaufwendigen Gartendetails in Frage. Wieviel Gartenfläche wird beispielsweise mit sauberem Plattenbelag versiegelt, um endlich eine dauerhafte Sauberkeit zu haben. Aber vielleicht muß gerade dieser Plattenbelag alljährlich von Laub befreit werden, das bisher nicht störte? Auch viele Sträucher und Stauden benötigen weniger Schnittmaßnahmen, als man allgemein annimmt, und auch in kleinen Gärten muß es nicht immer eine streng getrimmte Schnitthecke sein. Lassen Sie sich auch nicht von jedem Unkräutlein vom Gartenstuhl aufhetzen. Prüfen Sie, ob Sie Ihre ganz persönliche Meßlatte für Sauberkeit und Ordnung im Garten nicht ein wenig tiefer setzen können. Sie sparen sich sehr viel Arbeit, wenn Sie die Natur etwas lenken, nicht aber gängeln. Junge Familien wollen ihren Garten für Spaß und Spiel nutzen. Hier ist vor allem eine robuste Spielwiese gefragt, und einige Beerensträucher zum Naschen freuen nicht nur den Nachwuchs. Warum sollen Sie sich mit empfindlichen, pflegeaufwendigen Gewächsen herumplagen, die ohnehin allzuoft unter dem wilden Spiel der heranwachsenden Kinder leiden?

Auch für ältere Menschen hält das Buch viele Ratschläge bereit. Besonders diejenigen, die bisher her ihr gesamtes Gemüse für den Eigenbedarf selbst herangezogen haben, möchten auch jetzt nicht darauf verzichten und sollten überlegen, wie sie die Gartenarbeit vereinfachen können. Hierzu finden Sie eine Auswahl von Gemüsearten, die weniger Arbeit machen und dabei zuverlässige Ernten liefern. Auch für Berufstätige, die nicht soviel Zeit mit der Gartenarbeit verbringen wollen oder können, sind diese Pflanzen interessant. Warum also auf frisches Gemüse aus dem eigenen Garten verzichten?

Auch technische Einrichtungen können die Gartenarbeit erheblich erleichtern. Warum nicht beispielsweise eine automatischen Bewässerung installieren, die nicht nur Zeit und Wasser spart, sondern auch die Urlaubsplanung erleichtert.

Bei der Gestaltung des Gartens kann und sollte man auf die Hilfe eines Experten zurückgreifen. Er kann Sie bereits im Vorfeld auf Tücken und Planungsfehler hinweisen, die, einmal in die Tat umgesetzt, nur mit großem Aufwand wieder rückgängig gemacht werden können. Eine Investition, die sich langfristig mit Sicherheit bezahlt machen wird.

Gutes Pflanzenwachstum und damit ein attraktives Aussehen der Anlage ist nur möglich, wenn alle Pflanzen optimal ernährt werden. In Fragen der Düngung herrscht jedoch bei vielen Hobbygärtnern noch große Verunsicherung. Daher finden Sie auch Hinweise, was in Bezug auf die in Ihrem Garten herrschenden Bodenverhältnisse beachtet werden sollte. Vorschläge zur grundlegenden Bodenverbesserung helfen Ihnen, manchen Fehler zu vermeiden. Wenn eine Pflanze nicht am richtigen Standort steht, hilft auch die beste Pflege nichts – sie wird kümmern und Ihnen nicht viel Freude bereiten.

Vor allem aber enthält das vorliegende Buch Beispiele für besonders krankheitsresistente Gewächse, die gegenüber zahlreichen Pflanzenkrankheiten überdurchschnittlich widerstandsfähig sind. Hierdurch wird Ärger über unschöne Pflanzen bereits im Vorfeld vermieden, und zeitaufwendige Bekämpfungsmaßnahmen erübrigen sich.

Bestimmt finden auch Sie Anregungen, die Sie in Ihrem Garten verwirklichen können. Nutzen Sie die gewonnene Muße, Ihren Garten bewußt zu genießen.

Große Trittplatten aus ortstypischem Gestein führen zur standortgerechten Anpflanzung mit Felsblöcken, die auch zum Sitzen einladen.

Die Natur für sich arbeiten lassen

Buchenmischwälder in der Umgebung sind ein Anzeiger für fruchtbare Böden. Im Frühjahr lugen hier bunte Zwiebelblumen unter der Laubschicht hervor, im Sommer wachsen stattliche Stauden.

Wenn Sie natürliche Gegebenheiten bei der Anlage Ihres Gartens berücksichtigen, werden sich Ihre Anpflanzungen wie selbstverständlich in die Abläufe der Natur eingliedern. Nur wenige Eingriffe sind notwendig, um den naturnahen Standort zu erhalten.

siehe auch Seite 32

Wer auf Kalkgestein passende Sträucher und Stauden pflanzt, z. B. Pfaffenhütchen, Kornelkirsche oder Silberdisteln, muß lediglich alle paar Jahre allzu üppig wuchernde Pflanzen einschränken. Ansonsten gedeiht der Garten »wie von selbst«. ■

Natürliche Standorte von Pflanzen

Worauf kommt es an?

Verschiedene Gärten, ja sogar verschiedene Gartenteile unterscheiden sich in ihren Standortbedingungen. Für die Pflanzen sind die Bodenqualität sowie Licht- und Windverhältnisse wichtig. Nicht nur die natürlichen Geländeformen, auch benachbarte Gebäude und Gehölze beeinflussen das Mikroklima. Auf gleichem Untergrund unterscheiden sich Nord- und Südhang. Die Hangschulter ist meist steiniger und trocknet schneller aus, am Hangfuß hat sich durch die Jahrtausende feines, tonreiches Erdreich gesammelt, das Feuchtigkeit lange hält.

Heideland

Wo in der Umgebung lichte Kiefernwälder wachsen, findet sich meist sommertrockener Sandboden. Er schafft ideale Voraussetzungen für einen Heidegarten. Wo zusätzlich mildes Meeresklima herrscht, gedeihen in den Gärten die üppigsten, bis zu 4 m hohen Rhododendron- und Azaleensträucher. Sehr dekorativ wirken zwischen den üblichen Moorbeetpflanzen einige Kulturheidelbeeren mit ihrer feuerroten Herbstfärbung. Im Sommer laden sie zum Naschen ein.

Preiselbeeren sind zudem gute Bodendecker, die mit ihren leuchtend roten Farben erfreuen.

Saftige Flußauen

In den Flußtälern, die in vergangenen Jahrhunderten auch hin und wieder überschwemmt waren, hat sich feinkörniges, humusreiches und fruchtbares Erdreich gesammelt.

Es eignet sich für alle Gartenzwecke, besonders wenn es auf üppiges Wachstum ankommt. Steingartenpflanzen sind hier wenig blühfreudig, sie wachsen zu hoch und weich, werden aber

An diesem Bach in parkähnlicher Landschaft wachsen Sträucher, Prachtstauden oder eine Blumenwiese problemlos.

dennoch von den reichlich vorhandenen Samenunkräutern überwuchert, wenn Sie nicht ständig durchhacken.

»Steinreiche« Böden

Liegt Ihr Grundstück auf Fels- oder Schotteruntergrund, müssen Sie für die üblichen Gartenzwecke viel guten Oberboden auftragen. Trotzdem kommen Sie mit der Wasser- und Nährstoffversorgung leicht ins Hintertref-

fen. Nutzgehölze in den ersten Jahren nach der Pflanzung, Gemüse und anspruchsvolle Ziergehölze, vor allem Koniferen, kümmern bei mangelnder Pflege. Nutzen Sie das steinige Erdreich dagegen für ein Alpinum oder eine Schotterstaudenpflanzung, haben störende Unkräuter kaum eine Chance.

Licht im Schatten

Haben Sie einen Nordhang bepflanzt oder liegt Ihr Garten auf der Nordseite des Hauses und erhält im Laufe des Tages nur wenig Licht? Oder stehen im Garten Ihrer südlich gelegenen Nachbarn etwa hohe Bäume?
In diesen Fällen werden Sie immer Ärger mit kümmerlichem Rasen und mit saurem, wenig aromatischem Obst haben. Auch erhöhte Pflegeanstrengungen bringen nur geringfügige Verbesserungen. Wählen Sie daher gleich

Schattenstauden, schattenverträgliche Johannisbeeren oder Bodendecker. Diese Pflanzen werden auch kaum Konkurrenz durch zum Beispiel unerwünschte Unkräuter haben. Nach dem Einwachsen werden Sie einen interessanten Gartenteil mit ge-

Steiniger Boden wird mit zusätzlich eingebauten Felsblöcken zum Steingarten.

ringem Pflegeanspruch genießen können. Geschickte Gartenplaner legen sogar bewußt eine Hecke mit höheren Gehölzen hinter einer Sitzecke an, die auf diese Weise im Sommer kühl und schattig bleibt. ■

Fruchtbaren, guten Boden
erkennen Sie an seiner Farbe.
Ein hoher Humusgehalt färbt
ihn dunkelbraun.

Guter Gartenboden als Grundlage eines pflegeleichten Gartens

Ein guter Gartenboden nimmt Ihnen Arbeit ab, ist luftig und läßt sich fast jederzeit bearbeiten wann immer Sie gerade Zeit haben. Er speichert viel Wasser und Nährstoffe, so daß gelegentliches Wässern und Düngen ausreicht.

siehe auch Seiten 14/15

Die Oberfläche humusarmer Böden verkrustet bei Trockenheit und ist dann schwer zu bearbeiten.

Verdichtungen beseitigen

Wenn Gehölze nach ein paar Jahren ihr Wachstum reduzieren oder sogar eingehen, liegt das oft an Verdichtungen im Untergrund. Beim Ausgraben sehen Sie, daß ab einer bestimmten Tiefe die Wurzeln nicht mehr nach unten, sondern nur noch nach den Seiten verlaufen. Ursache hierfür ist das Befahren nassen Bodens mit schweren Maschinen, wie es in der Bauphase von Wohnhäusern immer wieder geschieht.

Im Frühjahr sickern die reichlichen Niederschläge nur bis zur Verdichtungszone ein. Überschüssiges Wasser staut sich und fließt seitlich ab, anstatt in der Tiefe gespeichert zu werden. Es lohnt sich, solche Verdichtungszonen nachträglich zu beseitigen.

Hochwertiger Oberboden

Oberboden wird oft auch fälschlich »Humus« oder »Mutterboden« genannt. Sie sollten nur gute Qualität zukaufen und lieber etwas mehr Geld dafür ausgeben. Guter Oberboden ist dunkelbraun und frei von Wurzelunkräutern. Diese würden Ihnen alljährlich immer wieder viel Jätarbeit machen. Sie haben nach der Anlage Ihres Gartens kaum eine Chance, sie wieder loszuwerden. Wenn möglich, sollten Sie vor der Gartenanlage erst einmal einen Gründünger einsäen. Sie finden dann leicht die Bereiche, in denen Wur-

**Baustelle im Garten:
Es lohnt sich, beim Hausbau und bei der Gartenanlage sorgsam mit dem Boden umzugehen.**

zelunkräuter vorkommen. Einige Arten verlaufen vorwiegend in Oberflächennähe. Diese lassen sich dann durch zwei oder drei intensive Jät-Durchgänge ausmerzen, wodurch sich die Arbeit in den Folgejahren erheblich erleichtert. ■

So verbessern Sie Ihren Gartenboden

Tonige Böden: Eigenschaften

Hohe Wasser- und Nährstoffspeicherung, jedoch nur mittlere Weitergabe an die Wurzeln. Schlechte Durchwurzelbarkeit und Durchlüftung. Durch das Befahren solch schwerer Böden bei Nässe bilden sich oft undurchwurzelbare Verdichtungszonen. Tonige Böden erkennen Sie am überaus schmutzigen Schuhwerk, das Sie auch bei mäßiger Nässe bekommen. Bei Trockenheit verkrustet der Boden, es bilden sich ausgeprägte Risse. Wurzelunkräuter wie Quecke, Giersch, Ackerwinde oder Ackerschachtelhalm halten sich hier besonders hartnäckig.

Verbesserung: Langfristig nur durch große Mengen an Sand möglich. Bis zu 10 cm dick sollte er aufgebracht und eingearbeitet werden. Zuvor müssen vorhandene Verdichtungen im Untergrund mit einem Grubber oder Tiefenlockerer aufgerissen werden. Hierzu sollten Sie einen Landwirt oder ein Unternehmen des Garten- und Landschaftsbaues beauftragen. Unmittelbar anschließend sollte eine tiefwurzelnde Gründüngung die aufgelockerte Zone durchwurzeln und damit stabilisieren.

Lehmige Böden: Eigenschaften

Mittlere bis hohe Wasser- und Nährstoffspeicherung, mittlere bis gute Durchlüftung. Auch sind trotz des Sandanteils Verdichtungszonen möglich. Bei Nässe bleibt viel Erdreich an den Schuhen kleben, eine Bodenbearbeitung ist dann nicht möglich.

Verbesserung: Insgesamt zählen lehmige Böden zu den besten. Im Garten ist jedoch ein zusätzlich erhöhter Sandanteil von Vorteil. Sie können 5, besser 8 cm Sand aufbringen und einarbeiten. Zusätzlich kann der Boden mit Kompost weiter verbessert werden.

Lupine

Ölrettich

Tief- und flachwurzelnde Gründüngungspflanzen.

Böden unterscheiden sich hinsichtlich ihrer Fähigkeit, der Pflanze ausreichend Wasser, Nährstoffe und Luft zuzuführen. Gute Böden nehmen im Winter viel Wasser in sich auf und geben es im Lauf des Frühsommers an die Wurzeln ab.

| siehe auch Seite 13

Fruchtbare Böden sind luftig locker und speichern viel Nährstoffe. Den genauen Nährstoffgehalt Ihres Bodens erfahren Sie durch eine Bodenuntersuchung. Adressen von Instituten und Labors hierzu finden Sie im Anhang ab Seite 94. ■

Bienenfreund

Wicke

Moorböden: Eigenschaften

Moorböden sind dunkelbraun bis schwarz und bestehen aus verrotteten oder vertorften Pflanzenteilen. Sie können sehr gut Wasser und Nährstoffe speichern, die Luftspeicherung ist bei Trockenheit hoch, bei Nässe mittel. Einmal ausgetrockneter Boden nimmt sehr schlecht wieder Wasser an, das Wasser perlt seitlich ab. Große Unterschiede bestehen zwischen sauren, kalkarmen Hochmoorböden, die vor allem in Norddeutschland vorkommen, und fruchtbaren Niedermoorböden, die sich in Flußauen finden und meistens ausreichend bis hoch mit Kalk versorgt sind. In diesen Böden halten sich Samenunkräuter hartnäckig über viele Jahre.

Verbesserung: Die Wasseraufnahme nach Trockenheit wird durch die Einarbeitung tonigen oder lehmigen Bodens verbessert. Hochmoorböden sollten zusätzlich zur üblichen Düngung regelmäßig mit Kalk und Spurenelementen versorgt werden, wenn nicht nur typische Moorbeetpflanzen wachsen sollen.

Sandige Böden: Eigenschaften

Geringe Wasser- und Nährstoffspeicherung, aber gute Durchlüftung. Auch aus feuchtem Unterboden wird kaum Wasser nach oben geleitet. Vorteilhaft für den Gärtner ist, daß er sich auch bei Nässe kaum schmutziges Schuhwerk holt. Bereits unmittelbar nach Regenfällen kann er den Boden wieder bearbeiten.

Verbesserung: Die Wasser- und Nährstoffspeicherung verbessert sich durch die Zugabe ton- oder lehmhaltigen Bodens. Ebenso wirksam ist die Erhöhung des Humusgehaltes durch stetige Zufuhr von Kompost oder die wiederholte Einsaat einer Gründüngung.

Humus und Gründüngung für sandige Böden

Humus wird von einer Unzahl verschiedener Bodenlebewesen immer wieder in Pflanzennährstoffe umgewandelt. Dadurch sinkt der Humusgehalt im Gartenboden langsam. Unter Hecken und im Wald reicht das Fallaub gerade aus, den Lebewesen jährlich die richtige Menge abgestorbener Pflanzenteile nachzuliefern. Wollen Sie den Humusgehalt erhöhen, sollten Sie als einmalige Maßnahme 10 l/m² in die oberste Bodenschicht einarbeiten. Wo häufig durchgehackt wird, im Gemüse-, Sommerblumen-, Prachtstauden- und Rosenbeet, geben Sie durchschnittlich 3 l/m² jährlich im Frühjahr.

Gründüngung und Brachflächen

Die später eingearbeitete Pflanzenmasse erhöht den Humusgehalt und verhindert Verkrustungen. Wo Grüneinsaaten wachsen,

werden Samenunkräuter unterdrückt. Verwenden Sie für Sandböden überwiegend flach wurzelnde Gründüngungspflanzen wie Bienenfreund, Senf, Buch-

weizen, Wicken- oder Erbsenarten. Sie brauchen zur Entwicklung etwa 8 Wochen. Sie können auch andere Gründünger verwenden, wenn Sie etwas dichter aussäen

Pflanzen für die Gründüngung

So einfach ist Gründüngung

Was zunächst wie Mehrarbeit aussieht, läßt sich relativ leicht in den übrigen Arbeitsablauf im Garten einfügen. Die Vorteile einer Grüneinsaat werden leicht übersehen: Sie lockert den Gartenboden und hält ihn gesund, sie unterdrückt Unkrautwuchs und verhindert Abspülungen in Hanglagen. Nach der Einarbeitung erhöht sie zudem den Humusgehalt des Bodens auf natürliche Weise.

Ein für den Gemüsegarten interessanter Gründünger ist Winterroggen, den Sie noch Anfang Oktober nach der Haupternte säen können, und der die Beete bis März/April mit einem frisch-grünen Teppich überzieht. Sie haben lediglich die Mehrarbeit des Einarbeitens im Frühjahr. Sie müßten dann jedoch ohnehin die Beete wieder pflanzfertig machen. Solange der Roggen steht, werden Sie jedoch weniger Arbeit mit Unkräutern haben. ■

als auf der Packung angegeben. Dazu gehören Ölrettich oder auch die lange blühende Ringelblume. Gelbe oder blaue Lupinen benötigen drei Monate bis zur Blüte.

 *Bienenfreund: erst nach dem Abblühen einarbeiten (Neubegrünung durch ausgefallene Samen).* 60 cm

 *Gelbsenf ist besonders schnellwüchsig. Das Saatgut ist preisgünstig.* 50 cm

 *Buchweizen ist eine alte Kulturpflanze mit dichtem Wurzelwerk.* 60 cm

 *Winterwicken werden im September gesät. Tiefwurzelnd.* 60 cm

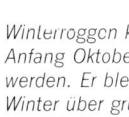 *Winterroggen kann bis Anfang Oktober gesät werden. Er bleibt den Winter über grün.* 20 cm

 *Nicht frostharte Grüneinsaaten bedecken den Boden im Winter mit einer schützenden Schicht aus abgestorbenen Pflanzenteilen.*

Kompost – das »schwarze Gold« des Gärtners

Viele Gemeinden bieten eine Biotonne oder Grüne Tonne für Gehölzschnitt, Rasenschnitt und anderes Grüngut an, die dann in großen Anlagen kompostiert werden. Für Sie ist es der einfachste Weg, Gartenabfälle zu entsorgen. Gröberes Schnittgut müssen Sie zerkleinern, bis es in die Tonne paßt. Es ist ratsam, auch wenn Sie keine eigene Kompostierung durchführen möchten, einige Quadratmeter als Zwischenlager für abgeschnittene Pflanzenteile vorzusehen. So können Sie diese über Wochen verteilt in die Biotonne geben. Zwar nehmen Gemeinden auch größere Schnittgutmengen an, jedoch nicht zu jeder Zeit. Außerdem sparen Sie sich das Abfahren des Materials.

Kompost als natürlicher Dünger

Wenn Sie die eigene Kompostbereitung gut organisiert haben, hält sich der Aufwand hierfür in Grenzen. Außerdem haben Sie dann immer eigenen organischen Dünger vorrätig und sparen sich den aufwendigen Herantransport.

Gehölzhäcksel

Gehölzschnitt muß zerkleinert werden. Vielerorts gibt es im Frühjahr Häckselaktionen mit einem leistungsfähigen Gerät. Der Gehölzhäcksel ist ein ausgezeichnetes Mulchmaterial für Gehölze, kann aber auch kompostiert werden.

Rasenschnitt

Er kann nur getrocknet kompostiert werden. Zusätzlich mischen Sie sperriges, holziges Material wie Gehölzhäcksel zu, den Sie für diese Zweck neben der Kompostmiete bereithalten können.

Mit der richtigen Mischung aus lockeren und feuchten Materialien gelingt der Kompost mühelos.

So macht eigener Kompost nicht so viel Arbeit

- Sehen Sie genügend Platz für die Kompostierung vor. Dann können Sie dort zügig arbeiten. Auch mit der Schubkarre sollten Sie bis zur Miete fahren können.

- Kompostieren Sie in einfachen Haufenmieten oder in etwa 1 m³ großen Kompostbehältern, deren Wände herausnehmbar sind, so daß Sie leicht mit der Schaufel arbeiten können.

- Legen Sie sich drei Kompostlegen zu: In der ersten sammeln Sie frisches Material, in die zweite wird umgeschaufelt und in der dritten lagert fertiger Kompost.

- Halten Sie sich an die Kompostierregeln, dann reicht einmaliges Umschaufeln für eine ausreichend zügige Durchrottung aus.

Verkrustete, humusarme Böden behindern die Pflanzen, hier jungen Spinat, in ihrer Entwicklung.

Das Umgraben mit anschließender Frostgare lockert schwere, humusarme Böden. Sie können auf diesen schweren Eingriff in das Bodenleben verzichten, sobald der Boden nach einigen Jahren mit Humus angereichert ist.

Tonboden

Ob Kalkgaben zur Bodenverbesserung notwendig sind, verrät Ihnen eine Bodenuntersuchung.

siehe auch Seite 16

Zur Gründüngung sollten Sie Tiefwurzler wie Ölrettich, Weiße Lupine, Sonnenblumen oder Kartoffeln bevorzugen. Humusarmen Boden müssen Sie zusätzlich mit Nährstoffen, vor allem Stickstoff, versorgen, wenn die Gründüngung üppig gedeihen und die ganze Mühe nicht umsonst sein soll. Hierzu geben Sie 20 g eines Mineraldüngers oder 50 g organischen Dünger mit hohem Stickstoffgehalt.

Verkrustungen vermeiden

Mit Bodenbedeckungen aller Art können Sie Bodenverkrustungen verhindern. Nicht nur schnellwüchsige, sondern auch Zier- und Nutzpflanzen sind dafür geeignet. Achten Sie darauf, daß der Boden lückenlos bedeckt wird.

Mulchabdeckungen

Den Boden unter Sträuchern und Bäumen sollten Sie mit Bodendeckern bepflanzen oder mulchen. Hierzu eignet sich Laub oder Kompost, der noch nicht verrottet sein muß, oder frisches Pflanzenmaterial wie unkrautfreier Rasenschnitt. ■

Lupinen binden mit Hilfe der Knöllchenbakterien Luftstickstoff an ihren Wurzeln.

   60 cm ■

Ölrettich wächst schnell und wurzelt tief.

    80 cm ■

Sonnenblumen müssen zusätzlich gedüngt werden, wenn sie üppig wachsen sollen.

   100 cm ■

Reich blühende Blumenwiese. Eine natürliche Staudengesellschaft auf kalkreichem, mageren Boden. Eine ähnliche Anpflanzung oder ein Steingarten macht auf diesem Boden wenig Mühe.

Gestalten mit Pflanzen

Der Wunsch nach heimischen Pflanzen im Garten ist in den letzten Jahren stark in den Vordergrund getreten. In den alten Kloster- und Bauerngärten wollte man Pflanzen pflegen, die in der Natur, in Feld und Wald nicht geerntet werden konnten. So ist der Wunsch nach ausländischen Gewächsen heute so legitim wie damals.

Heimische Pflanzen oder Exoten?

Für die heimische Tierwelt bieten viele Exoten im Unterschied zu den Gewächsen unserer Heimat keine Lebensgrundlage. Der Gewöhnliche Wacholder ernährt 43 Vogelarten, der chinesische Verwandte nur eine. Die Wildrose beherbergt 103 Insektenarten, Rhododendron nur vier.
Im Hinblick auf die Pflege gibt es keine grundsätzlichen Unterschiede. Sowohl unter den heimischen als auch unter den sogenannten exotischen Gewächsen gibt es robuste und pflegeaufwendige Arten. Wer auf empfindliche unter den fremdländischen Arten nicht verzichten will, sollte sich also auf einen höheren Pflegeaufwand einstellen.

Naturnahe Hecken und Wiesen

Besonders wenig Arbeit verursacht eine bunte Hecke aus pflegeleichten Feld- und Ziergehölzen, in einer staudenreichen Blumenwiese. Nicht jeder Gartenbesitzer wird jedoch Gefallen an einem solchen Garten finden. Wer unbedingt Rosen im Garten haben möchte, sollte sich auf Wildrosen beschränken. Strauchrosen benötigen nur wenig mehr an Pflege. Beetrosen jedoch erfordern viel Aufmerksamkeit, um prächtig zu gedeihen. Beschränken Sie sich auf einfache Feldgehölze, brauchen Sie nur alle paar Jahre einmal auslichten. Besonders auffällige Ziersträucher

Die Wildrose ist Lebensgrundlage für zahlreiche heimische Tiere.

wie der Schmetterlingsstrauch oder auch Beerensträucher müssen jedes Jahr geschnitten werden. Hoch wachsende Prachtstauden liefern alljährlich große Mengen an Stengeln, die beseitigt werden müssen, eine Unterpflanzung aus heimischen Stauden verjüngt sich alljährlich von selbst. ■

Standortgerechte und pflegeleichte Stauden und Gehölze

Akelei

Die Akelei liebt halbsonnige, humusreiche Standorte und blüht im Mai/Juni. Sie zieht nach der Blüte ein. Wo es ihr gefällt, verbreitet sie sich mit Samen.

Gelbweiderich

Der Gelbweiderich wächst am besten in sonnigen, feuchten bis halbtrockenen Lagen und blüht von Juni bis August. Er kann sich ausbreiten und begrünt dann auch größere Flächen.

Silberdistel

Die Silberdistel gedeiht nur in voller Sonne. Sie kommt mit trockenen, steinigen und auch schweren Böden zurecht und blüht ab Juli. Sie können junge Blütenstände für Trockensträuße verwenden.

Kornelkirsche

Die Kornelkirsche wächst in den ersten 15 Jahren sehr langsam und braucht nicht geschnitten zu werden. Im Alter kann sie recht stattlich werden. Interessant: Sie blüht noch vor der bekannten Forsythie.

Die Auswahl an heimischen Sträuchern mit nicht zu starkem Wuchs, wie sie für die meisten unserer Gärten nur in Betracht kommen, ist sehr beschränkt. Viele werden für schmale Handtuchgärten einfach zu groß, andere wie die Schlehe neigen zum Wuchern. Der Gärtner ist immer wieder mit dem Verjüngungsschnitt oder mit dem Roden beschäftigt. Geeignete Arten sind neben den abgebildeten auch Traubenholunder und Heckenkirsche. Schwarzer Holunder, Pfaffenhütchen und die Hasel werden recht hoch, vertragen aber einen gelegentlichen Schnitt sehr gut. ■

Wolliger Schneeball

Der Wollige Schneeball blüht im Mai/Juni, im Sommer erscheinen rote Beeren (giftig) in dichten Scheindolden, die sich bis zum Herbst schwarzglänzend verfärben.

Pfaffenhütchen

Nach einer unscheinbaren Blüte im Mai erscheinen beim Pfaffenhütchen ab dem Spätsommer leuchtend orange und rote Früchte, die jedoch, wie alle anderen Pflanzenteile, giftig sind.

Diptam

Der Diptam ist in der freien Natur selten zu finden und gedeiht dort, wo auch Silberdisteln sich wohlfühlen. Er blüht im Mai/Juni, Blüten und Blätter verströmen einen fruchtig-frischen Duft.

Mahonie

Die Mahonie paßt als niedriges, immergrünes Gehölz zu Stauden, Laubsträuchern und Koniferen. Sie blüht ab April/Mai mit auffälligen, gelben Blütenständen.

Weißdornstrauch

Weißdornsträucher hüllen sich Ende Mai in ein weißes Blütenkleid, ab Spätsommer reifen leuchtend rote Beeren, die bis weit in den Winter hinein den Vögeln Nahrung bieten.

Immerblühendes Prachtstaudenbeet

Die Frühjahrsblüher werden abgelöst durch Rittersporn, Eisenhut, Fingerhut, Kugeldistel, Orientalischen Mohn, Pfingstrosen, Phlox, Herbstastern und die Hochsommerblüher Staudensonnenblume, Sonnenauge, Sonnenbraut sowie Sonnenhut. Diese Stauden wachsen zumeist kunterbunt nebeneinander. Sie können bei der Planung und Pflanzung so gut wie nichts falsch machen. Natürlich empfiehlt es sich wie in allen Staudenpflanzungen, das Laub der verblühten Frühblüher durch Arten mit später Blüte zu verdecken. Hochwachsende Spätblüher sollten im Hintergrund stehen.

| siehe auch Seite 38

Wo die Sonne den größten Teil des Tages scheint, also an sonnigem bis halbschattigem Standort, können Sie ein Blütenfeuerwerk entzünden, das vom Frühjahr bis in den Spätherbst anhält. ■

Sonnenhut
Weitere Frühsommerblüher sind Rittersporn, Campanula persicifolia, Kugeldistel, Orientalischer Mohn, Pfingstrose, Phlox und Taglilien.

Prachtscharte
Weitere Hochsommerblüher sind Staudensonnenblume, Sonnenauge, Sonnenbraut, Sonnenhut, Spornblume, Eisenhut und Schafgarbe.

Gemswurz

Weitere Frühjahrsblüher sind Steinkraut, Gemswurz und Kaukasusvergißmeinnicht (Halbschatten).

Feinstrahlaster

Weitere Herbstblüher sind Fetthenne, Kissenaster und Herbstchrysantheme.

Sommer- und Herbstblüher

 *Die Bauernpfingstrose stammt aus den südlichen Alpen.*
80 cm IV–VI

 *Der Blutweiderich paßt sehr gut in Wassernähe.*
100 cm VI–VIII

 *Vom Eisenhut gibt es zwei Gruppen: Die eine blüht im Juli, die zweite erst ab September.*
80 cm VII–IX

 *Der Orientalischer Mohn braucht durchlässige Böden. Er ist empfindlich gegenüber Staunässe.*
80 cm V–VI

 *Phlox gibt es in allen Rottönen und in weiß.*
80 cm VI–VIII

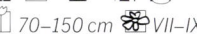 *Die Sonnenbraut gibt es in zahlreichen Sorten von gelb bis rotbraun.*
70–150 cm VII–IX

 *Die Samenstände der Fetthenne bleiben bis in den Winter dekorativ.*
50 cm IX–X

Glanzpunkte im Schatten

An schattigen Standorten werden Ihnen lichthungrige Gewächse viel Mühe machen, sie werden dort leicht von Pilzkrankheiten befallen, wachsen mit langen, dünnen Stielen und blühen kaum.

Frühling unter Bäumen

Wo wenigstens im Frühjahr Sonne hinkommt, weil der Schatten großteils durch Laubbäume verursacht ist, sollten Sie Ihren Garten mit Frühlingsblühern gestalten, die nach dem Schließen des Blätterdaches unter der Laubschicht am Boden verschwinden. Dazu gehören viele Zwiebelblumen wie Schneeglöckchen, Märzenbecher, Schneestolz, eingeschränkt auch Narzissen und Kaiserkronen. Ebenfalls geeignet sind zahlreiche Kleinstauden wie Leberblümchen, Schlüsselblumen oder Lungenkraut, das auch als Bodendecker wirkt. Wo etwas mehr Licht vorhanden ist, können

Sie eine Vielzahl bestimmter Bodendecker dort zur Begrünung einsetzen, wo Rasen nur kümmerliche Grashalme bilden würde. Dazu gehören Bergenien, Kaukasus-Vergißmeinnicht, Gefleckte Taubnessel, Goldnessel, Gedenkemein, Beinwell, Immergrün, Waldsteinie oder verschiedene Seggen, die zu den Sauergräsern gehören. Es gibt eine ganze Artenpalette, die meisten sind wie die Breitblattsegge, die Waldsegge oder die Schatten-

segge immergrün. Seggen benötigen kalkarmen, humosen Boden. Für viele Standorte gibt es auch passende Farnarten.

Blütensterne im Schatten

Einige imposante Staudengestalten setzen im Sommer und Herbst Glanzpunkte in dunklen Ecken. Sie kommen mit wenig Licht aus, blühen bei teilweiser Besonnung jedoch üppiger. Dazu gehören die Herbstanemonen in weiß und rosa, Geißbart, Astilben, Wald-

Buschwindröschen lieben humose Böden. Wo es ihnen gefällt, wachsen sie auch in Blumenwiesen.

15 cm   III–V

Schlüsselblumen blühen ab April unter Hecken und in feuchten Wiesen. Dann breiten sie ihre sattgrünen Blattrosetten aus.

15 cm   IV–V

Der Aronstab liebt kalkreiche, humose Böden. Er dringt auch durch dicke Laubschichten nach oben. Später schmückt er sich mit hellroten (giftigen) Beeren.

20 cm   V

glockenblume, Silberkerze, Tränendes Herz, Wiesenraute, Kreuzkraut und Funkie.

Wenn der Standort stimmt – das Moorbeet

Ein Moorbeet am unpassenden Standort ist pflegeaufwendig. Es muß unabhängig vom umgebenden Erdreich von Grund auf neu angelegt werden. Wo der Boden jedoch von Natur aus kalkarm und luftdurchlässig ist, wächst ein Heidegarten wie von selbst. Wo

außerdem noch in Gewässernähe die Luftfeuchtigkeit nicht zu niedrig ist, gedeihen die prächtigsten Rhododendren und Azaleen. In der Baumschule wird man Ihnen ein Sortiment zusammenstellen, das von Anfang März bis Anfang Juli mit einem Höhepunkt Ende Mai/Anfang Juni in Blüte steht. Das Laub sommergrüner Azaleenarten färbt sich im Herbst bei einigen Sorten intensiv rot, bevor es abfällt. Weil der Boden durch die immergrünen Arten weitgehend beschattet ist, kommt kaum Unkraut auf. Lassen Sie abgefallenes Laub als Mulchschicht unter den Sträuchern, trocknet der Boden im Sommer nicht so stark aus und im Winter sind die empfindlichen Wurzeln besser geschützt.

Von Herbstanemonen sind zwei Arten in verschiedenen Sorten zwischen weiß und rosa im Handel. Sie blühen ab August bis Oktober und bilden im Lauf der Jahre große, stattliche Gruppen.

Naschen vom Moorbeet

Preiselbeeren liefern im Sommer die Grundlage für eine schmackhafte Marmelade. Unter den Kulturheidelbeeren gibt es niedrige, höchstens 40 cm hoch wachsende Sorten, die flächig gepflanzt werden können, aber auch bis zu 2 m hohe Sträucher, die leichter beerntet werden können. ■

Der Märzenbecher kommt kurz nach dem Schneeglöckchen durch die Laubschicht.
15 cm   III

Astilben gibt es in zahlreichen Sorten, so daß Sie alle Farbtöne zwischen weiß und dunkelrot finden können.
40–100 cm   VI–VII

Ein Teich im Garten

Teiche werden oft zum Mittelpunkt im Garten. Sie können andere Gartenbereiche weniger attraktiv gestalten und Ihr Garten wirkt trotzdem interessant. Problematisch ist die Übergangszone zwischen Wasser und Erdreich. Wasserpflanzen und umliegende Staudenpflanzungen sollen wie fließend ineinander übergehen. Am einfachsten verwenden Sie einen Fertigteich aus Kunststoff, der ringsum eine Flachwasserzone ausgebildet hat. Dort wachsen Sumpfgewächse. Neben dem Teich wachsen Beetstauden mit ihren breiten Blättern oder schilfähnlichem Wuchs. Wo Sie unmittelbar bis ans Wasser gehen wollen, können Sie die Teichkante unter Trittsteinen verstecken.

Nährstoffe fernhalten

Verwenden Sie zum Nachfüllen Leitungswasser, besteht die Gefahr, daß durch den Kalk- und Stickstoffgehalt unerwünschtes Algenwachstum angeregt wird. Die Fadenalgen müssen Sie dann wieder mühsam entfernen.

Beetstauden mit einem Wuchs wie die Taglilie, die an Sumpfpflanzen erinnert, passen gut an den Teichrand.
Dazu gehören: Bergenien, Bambus, Ziergräser, Sumpf-Schwertlilie, Frauenmantel, Taglilien und Funkien.

Die Ausbildung des Teichrandes ist wichtig. Eine strikte Trennung zwischen Wasser und Erdreich ist erforderlich, damit der Teich nicht ständig Wasser verliert und Sie nicht ständig Wasser nachfüllen müssen. Der Übergang soll jedoch nicht sichtbar sein.

Fische nur für große Teiche

Die meisten Zierteichfische gründeln und trüben damit das Was-

Bei der Teichbepflanzung unterscheidet man Unterwasserpflanzen, Schwimmblattpflanzen **1**, Arten für das Seicht- und Flachwasser **2** sowie Sumpfpflanzen **3**.

Wasserpflanzen

- *Seerose, Teichrose, Krebsschere, Seekanne, Tannenwedel, Wasserknöterich*

Sumpfpflanzen

- *Wasserschwertlilie, Blutweiderich, Sumpfdotterblume, Fieberklee, Wasserdost, Froschlöffel*

...engel, die aus dem Wasser ragen, ...lten Sie nicht abschneiden. Sie ...zögern die Bildung einer dicken ...sschicht und verhindern somit ...häden an der Teichfolie. Im Vorder...und: Tannenwedel für Flachwasser.

ser. Futterreste und Exkremente regen das Algenwachstum an. Gerade in fischfreien Teichen entwickelt sich ganz von alleine eine besonders reichhaltige Vielfalt an Kleinlebewesen, die für Kinder überaus lehrreich sein kann.

Keinen Dünger in den Teich

Zur Teichanlage verwenden Sie spezielle Teicherde oder humusfreien Unterboden. Nährstoffhaltiges Erdreich würde nur das Algenwachstum fördern. Sie sollten auch Fallaub und Wasserpflanzenreste aus dem Teich entfernen. ■

Pflanzen für den Teich

Die Krebsschere (Wasseraloe) schwimmt zur Blütezeit an der Wasseroberfläche.

30 cm V–VI

Neben der weißen Seerose gibt es zahlreiche Zuchtformen in allen Gelb- und Rottönen.

30–100 cm VI–IX

Die Seekanne hat seerosenähnliche, jedoch nur ca. 8 cm große Schwimmblätter.

50–60 cm VI–VIII

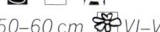

Rosa Blütenähren werden beim Laichkraut von den schwimmenden ovalen Blättern getragen.

50–100 cm VI–IX

Ringelblumen verwandeln freie Gartenflächen innerhalb kurzer Zeit in ein duftendes Blumenmeer. Sie blühen bis Herbst, und im Frühjahr keimen die ausgefallenen Samen wieder neu.

Gute Wirkung leicht gemacht

I n unseren Gärten haben sich manche baulichen Detaillösungen eingebürgert, die unnötige Mehrarbeit verursachen. Niemand denkt darüber nach, warum Beete und Wege sehr häufig durch hochgestellte Kantensteine voneinander abgegrenzt werden. Haben Sie den Mut, Umgestaltungen an Stellen durchzuführen, die Ihnen immer wieder besondere Mühe machen. Grobe Arbeiten können Sie durch eine Fachfirma erledigen lassen.

siehe auch Seite 42

Wegbeläge, die veralgen und zu einer gefährlichen Rutschbahn werden, müssen Sie immer wieder mühsam reinigen. Sie sollten entweder mehr Licht an solche Stellen lassen, indem Sie z. B. Gehölze auslichten, oder Sie tauschen die glatten Platten gegen grob strukturierte, härtere aus. ■

Was Sie vermeiden sollten

Grenzen Sie Beete und insbesondere Rasenflächen nicht durch hochgestellte Kantensteine voneinander ab. Liegen Beet und Weg auf gleicher Höhe, vielleicht das

Einfache Blüten machen keine Mühe und reinigen sich von selbst.

Gefüllte Blüten neigen bei Nässe zu Fäulnis und müssen ausgeschnitten werden.

Beet sogar wenige Zentimeter tiefer, können Verschmutzungen einfach und schnell zurück auf das Beet gefegt werden.

Rasenflächen und Steinplatten oder Plattenwege sollten grundsätzlich bodengleich angelegt sein, so daß die Rasenkanten problemlos mit dem Rasenmäher überfahren werden können.

Stauden sollten nach ihrer Wuchsfreude, man sagt auch nach ihrer Konkurrenzfähigkeit, einander zugeordnet werden. Ein zartes Wildes Alpenveilchen neben einem hochwüchsigen Geißbart wird hemmungslos überwuchert. Entweder pflanzen Sie das kleine Gartenjuwel um, oder Sie verzichten besser ganz auf solche Mimosen.

Können Sie ein paar Gänseblümchen im Rasen tolerieren, sparen Sie sich viel Arbeit. Völlig makellosen Rasen erreichen Sie nur mit viel Mühe. Pflanzensammler begehen oft den Fehler,

Diesen Teichrand können Sie einfach übermähen.

größere Flächen mit zahlreichen Sorten ihrer Lieblingspflanze auszufüllen, die vielleicht eine nur kurze Blütezeit hat. Anschließend zeigt sich dieser Gartenbereich in kahlem Braun. Größere Gruppen von Bartiris, Steppenkerzen oder Fackellilien sollten durch Frühblüher und vor allem Herbstblüher wie Kissenaster aufgelockert werden.

Zwischen die einzelnen Pflanzen sollten Sie immer bequem mit Ih-

Nutzen Sie
Wasseranschlüsse
für eine erfrischende
Dusche im Garten.

Tip

Natur Buch

Im Sommer können Sie Zapf-
stellen im Garten mit einem
Schlauch schnell zu einer
erfrischenden Dusche umfunk-
tionieren.

rer Hacke durchkommen. So können Sie junge Samenunkräuter
überall entfernen, ohne sich zu
bücken. Wo die Pflanzabstände zu
eng sind, sollten Sie umpflanzen.

Gartenanfänger umlegen ihre
Beete manchmal liebevoll mit
kleinen Kieselsteinen. Es ist sehr
pflegeaufwendig, solche Steinrei-
hen unkrautfrei zu halten.

Bunte Gartenkataloge
verführen zum Kauf
von Sorten mit den
größten und dichtest
gefüllten Blüten. Die-
se sind bei regneri-
scher Witterung aber
oft fäulnisanfällig.

Einfach zusammengesetzte Blüten lassen beim Abwelken ihre
Blütenblätter rieseln, die ganz von
selbst unauffällig am Boden zer-
setzt werden. ■

So erleichtern Sie sich die Arbeit

Nicht überall müssen Beete und
unterschiedlich genutzte Flächen
streng voneinander abgegrenzt
sein. Eine Blumenwiese kann un-
merklich in eine Gehölzpflanzung
mit Schattenstauden übergehen.
Sie mähen einfach bis nahe an
die äußersten Sträucher.
Richten Sie ausreichend viel Was-
serzapfstellen in Ihrem Garten ein.
Sie sollten alle wichtigen Pflanzungen und auch Kübelpflanzen
mit einem schwachen Wasser-
strahl aus dem Schlauch oder besser mit einem vorgeschalteten
Gießgerät erreichen. So brauchen
Sie keine Gießkanne zu schleppen.
Gerade für die Bewässerung gibt
es heute zahlreiche Möglichkeiten

bis hin zur vollautomatischen
Bewässerung. Sehen Sie für jede
Gartenseite einen Außenwasser-
hahn vor.
Legen Sie die einzelnen Bereiche
so an, daß sie mit der Schubkarre
befahrbar sind. So brauchen Sie
abgeschnittene Pflanzenteile, aber
auch Kompost nicht tragen.
Auch Ihre Gartenmöbel sollten Sie
vom Lagerraum zum Sitzplatz
transportieren können.
Geschickte Planer gestalten Ihren
Garten so großzügig, daß er auch
für größere Geräte befahrbar
bleibt. Wenn Sie später umfang-
reichere Änderungen vornehmen
wollen, werden Sie keine Proble-
me damit haben.

Wasseranschlüsse können
durchaus attraktiv gestaltet sein.

Der Rittersporn rechts im Vordergrund wird später die abblühenden Tulpen überdecken.

Blumen richtig angeordnet

Viele Stauden und Zwiebelblumen mit Blütezeit im Frühjahr und Frühsommer ziehen nach dem Abblühen ein. Sie vergilben und vertrocknen langsam und sehen in dieser Zeit natürlich nicht so attraktiv aus. Schneidet der Gärtner das Laub zu früh ab, sind die Pflanzen geschwächt. Geschickte Gärtner staffeln die Blütezeit von hinten nach vorne zur Schauseite.

siehe auch Seite 24

Vor den einziehenden Frühlingsboten wächst eine Staude mit Blütezeit im Sommer, ganz im Vordergrund stehen Herbstblüher. Diese bringen den ganzen Sommer über nur grüne Blätter hervor und sehen unmittelbar in der Nähe des Betrachters immer dekorativ grün aus. So bilden mehrere Herbstastern einen richtigen grünen Teppich. Wenn sich die Blütenköpfchen recken, überwuchern sie dahinter stehende Frühsommerblüher.

Wo es kurzfristig Problembereiche zu verdecken gibt, können Sommerblumen einspringen. Sie können die blühende Pracht, wie sie auch in Balkonkästen verwendet wird, beim Gärtner kaufen. Frostempfindliche Arten kommen erst nach der Tulpen- und Narzissenblüte in den Garten. Noch einfacher und preisgünstiger ist die Direktsaat von verschiedenen Sommerblumen gleich dort ins Beet, wo sich größere Lücken

Knollenbegonien überwintern wie Dahlien problemlos mit Hilfe ihrer Knollen.

zeigen. Nach der Saat bleibt die Stelle ein bis zwei Wochen kahl, bevor sie sich mit den zarten jungen Pflänzchen erneut begrünt.

Wenn Astilben einziehen, wird sich Cosmea mit ihrem filigranen Laub in voller Blüte ausbreiten.

An schattigen Stellen wachsen gerne Knollenbegonien, helle Standorte bevorzugen Dahlien. Hier stehen für die Beetbepflanzung niedrig bleibende Sorten, aber auch 2 m hoch wachsende zur Auswahl, die ab dem Hochsommer innerhalb kürzester Zeit für Sichtschutz oder einfach zur Abtrennung verschiedener Gartenbereiche sorgen können. ∎

Sommerblumen als pflegeleichte Lückenfüller

Chinesische Nelke

Von diesen Dauerblühern gibt es Sorten in allen Rot- und Weißtönen. Blüte ab Mai. Die eigene Anzucht erfordert viel Geschick.

Feuersalbei

Die langen Blütenähren des Feuersalbei setzen einen auffällig leuchtenden Farbakzent in Ihrem Blumenbeet.

Vanilleblume

Da die Anzucht der Vanilleblume nicht ganz einfach ist, sollten Sie im Mai blühende Pflanzen in der Gärtnerei zukaufen.

Sonnenblume

Von Sonnenblumen gibt es zahlreiche, auch niedrig bleibende Sorten, die nur 50 cm hoch werden. Sonnenblumen können ab April ins Beet gesät werden.

Für freie Flächen eignen sich bodendeckende Stauden, Gehölze und sogar Rosen.

| siehe auch Seite 58

Erst seit wenigen Jahren gibt es die Erdbeerwiese (vgl. Seite 70/71). An schattigen Standorten ist eine Staudenpflanzung immer besser als ein Rasen, der bei Lichtmangel ohnehin nur kümmert (vgl. Seite 25). Sobald sich die Gründecke schließt, keimen durch die Beschattung des Bodens kaum noch Unkräuter, die in der Mehrzahl Lichtkeimer sind. Für kurzfristige Pflanzlücken finden die Sommerblumen häufig Verwendung. ■

Ringelblume

Die Ringelblume keimt völlig problemlos. Ab März kann gesät werden. Lassen Sie die Samenstände stehen, so haben Sie in den nächsten Jahren immer wieder gelbe Mini-Sonnen in Ihrem Garten.

Lilliput-Aster

Höher wachsende Sorten sind gut als Schnittblumen geeignet. Auch gefüllt blühende Sorten sind attraktiv.

Schleifenblume

Von dieser früh blühenden Sommerblume sollten Sie einige Exemplare ausreifen lassen, Die Samen halten noch einige Jahre im Boden, und neu auskeimende Pflanzen begrünen die Fläche, bevor sich später blühende Stauden ausbreiten.

Petunien

Neben der herkömmlichen Sortenpalette gibt es jetzt auch besonders lang rankende, sogenannte Hängepetunien. Sie eignen sich auch als Bodendecker.

Männertreu

Ein Dauerblüher, der ein leuchtendes Blau in Ihren Garten bringt.

Stauden und Zwiebelblumen richtig kombiniert: Ein Blickfang für jede Jahreszeit

Farbe und Blütezeitpunkt von benachbarten Stauden und Sträuchern muß gut aufeinander abgestimmt sein. Stehen die Frühblüher hinter Stauden mit späterer Blüte, genügt es, die abgeblühten Arten bei Gelegenheit alle paar Wochen abzuschneiden.

Frühjahr: Krokus und Blaustern

Frühsommer: Tulpen, Taglilie und Rittersporn

EIN BEET IM JAHRESLAUF

Sommer: Eisenhut und Schafgarbe

Herbst: Herbstaster, Goldrute und Rittersporn

Der Staudengarten im Winter

Wer den Mut hat, den letzten Staudenschnitt im Jahr, das vielerorts sogenannte »Abräumen« einfach ausfallen zu lassen, bietet unseren Vögeln wertvolle Winternahrung. Auch wird er an manchem Wintermorgen seinen Garten im Rauhreif und in der Morgensonne wie verzaubert vorfinden.

Erst wenn sich im Frühling wieder das neue Grün zeigt, entfer-

Winterlinge blühen noch vor Schneeglöckchen und Krokus. Sie verschwinden nach der Blüte und machen Platz für Stauden.
10 cm II–III

Tulpen bringen an wolkigen Frühlingstagen Glanz in Ihren Garten.
20–60 cm III–V

Nach Storchschnabel und Gelbweiderich wird der Orientalische Mohn im Hintergrund aufblühen.

60–80 cm V–VI

Blühkalender der Zwiebelblumen

Winterling (Eranthis hyemalis)	*Februar / März*
Schneeglöckchen (Galanthus nivalis)	*Februar / März*
Märzenbecher	*März / April*
Blaustern (Scilla siberica)	*März / April*
Krokus (Crocus-Arten / Hybriden)	*März / April*
Wildtulpen (Tulipa-Arten)	*März / Mai*
Narzissen (Narcissus-Arten / Hybriden)	*März / Mai*
Hyazinthen	*April / Mai*
Traubenhyazinthe (Muscari)	*April / Mai*
Kaiserkrone	*April / Mai*
Milchstern (Ornithogalum)	*Mai / Juni*

Tip Natur Buch

Rittersporne bieten alle Farben von Weiß über alle Blautöne bis Rosa. Delphinium-x-cultorum-Typen blühen von Juni bis Juli, Pacific-Hybriden sind weniger standfest, blühen aber von Juni bis August. Beide blühen nochmals von September bis Oktober, wenn sie nach ihrer ersten Blüte bis auf 10 cm über dem Boden zurückgeschnitten werden. Belladonna-Hybriden wie die Sorte 'Völkerfrieden' bringen von Juni bis September immer wieder Blütenstände hervor. Ihr Nachteil: Verblühte Triebe sollten immer wieder ausgeschnitten werden.

nen Sie die inzwischen morschen Triebe.

Farbtupfer für das Frühjahr

Zwiebelblumen leuchten auf Staudenflächen unter den noch kahlen Gehölzen, auf Rabatten und auf Rasenflächen. Sie sollten ausreichend tief gepflanzt werden, damit sie bei der Bodenpflege während des Sommers, wenn sie sich unsichtbar zurückgezogen haben, nicht stören. Staudenflächen sollte man wegen der Zwiebelblumen und der Pflanzen, die sich durch Samen selbst verbreiten, immer nur jäten, aber nicht durchhacken. ∎

Kaiserkronen können sich zwischen den hochwachsenden Stauden behaupten.

80 cm V–VI

Stehengelassene, trockene Blütenstände stehen wie verzaubert im Rauhreif. Besonders attraktiv sind Gräser, Korbblütler und Dillgewächse.

Der Garten wirkt auch im Winter lebendig, wenn Sie sich das Abschneiden der herbstblühenden Stauden ersparen. Die Samenstände helfen den Vögeln besser als Futterhäuschen über den Winter.

Prinzip einer arbeitssparenden Staudenpflanzung:

- *Legen Sie Vorder- und Hintergrund fest.*

- *Niedrige Frühjahrsblüher wie Gemswurz und Zwiebelpflanzen stehen im Mittelgrund.*

- *Sommerblüher stehen überwiegend unmittelbar vor den Frühjahrsblühern. Langstielige Arten können auch ganz im Hintergrund stehen.*

- *Ganz im Vordergrund stehen niedrige Herbstblüher wie Herbstastern oder schwachwüchsige Sorten von Goldruten.*

- *Höhere Herbstblüher stehen im Mittel- und im Hintergrund in Gruppen.*

Für jede Jahreszeit einen schönen Gartenteil

Grundidee einer interessanten Gartengestaltung ist das Schaffen verschiedener, räumlich abgegrenzter Gartenbereiche. Nichts ist langweiliger als ein Garten, den man gleich beim Betreten vollständig überblicken kann, der beim Durchwandern nicht immer wieder neue Geheimnisse preisgibt. Dieses Aufteilen in Räume kommt auch unserem Bestreben entgegen, die Gartenpflege möglichst leger zu handhaben. Jedes Gartenthema hat Zeiten, in denen es einen weniger attraktiven Anblick bietet. In geschickt unterteilten Gärten fällt so eine vorübergehend unschöne Stelle nicht ins Auge, weil es immer wieder benachbarte Glanzpunkte gibt, die alle Blicke auf sich ziehen.

Gartenräume

Bäume, Sträucher, Hecken, höhere Stauden, Pergolen und Torbögen bilden die »Wände« der ein-

Hinter einer solchen romantischen Hecke mit Türchen kann der Beerengarten oder der Kompost liegen.

Sitzplätze am Haus müssen nicht mauerartig abgeschirmt sein, es genügen einzelne Elemente wie diese an Kletterhilfen hochwachsende einjährige Winde.

zelnen Gartenteile. Diese Wände sollten viele Durchblicke bieten, damit dem Betrachter die Teilungsfunktion möglichst gar nicht auffällt. Berankte Torbögen wecken die Neugier besonders.

Freiwachsende Hecken sind pflegeleichter

Ein Pflanzstreifen von 1,20 m Breite genügt bereits für eine 2 m hohe, geschnittene Hecke. Ansonsten macht sie viel Arbeit:

Wie Kulissen schieben sich die Sträucher von der Seite her ins Blickfeld. Wer den Weg entlang geht, erlebt hinter jeder Hecke eine neue Gartenüberraschung.

Jährlich muß zweimal geschnitten werden. Freiwachsende Hecken werden nur alle paar Jahre ausgeschnitten und verjüngt (siehe Seite 64/65). Bleiben sie unter 2 m Höhe, muß genau wie bei ge-

Durch den Rosenbogen gelangen Sie in den Gemüsegarten. Vom Wohngarten aus sehen Sie ein gerade frisch bestelltes und daher noch kahles Beet nicht.

schnittenen Hecken ein Grenzabstand von 50 cm eingehalten werden. Großzügiger wirkt es, einen Meter Abstand einzuhalten. Zudem hängen dann kaum Zweige zum Nachbarn über. Verwenden Sie überwiegend schwachwachsende Gehölze, sollten Sie insgesamt einen Pflanzstreifen von 2,50 m, bei stärker wachsenden Gehölzen von 3,50 m vorsehen.

Ungeschnittene Hecken für jede Wuchshöhe

Viele Sträucher brauchen in Reihe gepflanzt nur wenig mehr Platz als Hecken, und verschiedene Arten blühen zudem noch üppig. Für überschaubare Einfassungen gibt es kleinwüchsige Arten; als Sichtschutz wählen Sie höher wachsende Gehölze. Am interessantesten wirken buntgemischte Hecken aus unterschiedlich stark wachsenden Gehölzen (vgl. S. 64/65). ■

Einfassungen bis 50 cm:
- Liguster (Ligustrum vulgare 'Lodense')
- Sauerdorn (Berberis thunbergii 'Atropurpurea Nana')
- Spierstrauch (Spirea japonica 'Little Princess')

Einfassungen bis 1 m:
- Fünffingerstrauch (Potentilla fruticosa)
- Sauerdorn (Berberis thunbergii)
- Spierstrauch (versch. Arten)

Einfassungen bis 2 m:
- Kornelkirsche (Cornus mas)
- Liguster (Ligustrum vulgare 'Atrovirens')
- Eibe (Taxus baccata)
- Weißdorn (Crataegus)
- Buchsbaum (Buxus sempervirens var. arborescens)

Spierstrauch. Ein pflegeleichter, sommerblühender Dauerblüher mit zahlreichen Sorten.
100 cm VII–IX

Buchsbaum. Im Herbst zeigen die Spinnennetze im Morgentau den Altweibersommer an.
100 cm

Ligusterhecke. Gewöhnlicher Liguster wird ungeschnitten mehrere Meter hoch.
400 cm

Blut-Berberitze. Mit Fruchtschmuck, Laub, Beeren und Herbstlaub fast ganzjährig attraktiv.
100 cm IV–V

Ein Pflasterweg aus Granit und Blockstufen aus Muschelkalk erschließen diesen Garten.

Kleiner Aufwand – große Wirkung

Beim Bau von Einfamilienhäusern versuchen viele Bauherren, möglichst viel Eigenleistung einzubringen. Rund 90 % legen den Garten selbst an, zumal nach Fertigstellung des Hauses am Garten gespart werden muß. Sie sollten jedoch der Gartenanlage so viel Aufmerksamkeit widmen wie z. B. der Einteilung Ihrer Küche. Eine gut geplante Küche spart Arbeit, genauso ein solide angelegter Garten.

Gartenanlage vom Profi

Bei Gartenneuanlagen beginnen Sie nach der groben Geländemodellierung mit dem Bau von Mauern, Wegen, Plätzen und Treppen. Sie sollen bequem zu benutzen, lange haltbar und leicht sauberzuhalten sein. Manche Bauherren meinen mit einem reichlich bemessenen Mörtelbett für die nötige Stabilität sorgen zu müssen.

Viel wichtiger ist jedoch die richtige Ausführung des Unterbaues. Richtig eingebaut, können Sie sogar auf Beton verzichten und weniger begangene Wege oder den Zweitsitzplatz im Sandbett verlegen. Solche Flächen fügen sich natürlicher in die späteren Pflanzungen ein. Nur unmittelbar am Haus verlegen Sie in Beton, um keine Steinchen in die Wohnung zu tragen. Aber auch hier muß der Unterbau stimmen.

Nutzen Sie bei der Gartenanlage auch das Fachwissen von Profis.

Vielen Gartenbesitzern ist es zu teuer, den Garten vollständig von einer Fachfirma anlegen zu lassen. Sie verzichten dann häufig ganz auf den Beistand und Rat eines Gärtners. Dabei gibt es zahlreiche Zwischenlösungen. Eine Möglichkeit ist es, sich bei der Einteilung des Gartens beraten zu lassen und zumindest die Grobmodellierung sowie den Wege- und Treppenbau vom Fachmann durchführen zu lassen.

siehe auch Seite 46

Das Auftragen von Oberboden sowie die Pflanzarbeiten können Sie anschließend selbst ausführen. Wählen Sie einen hochwertigen Wegebelag, der rutschfest und frostsicher ist. Wenn Sie sparen wollen, belassen Sie zunächst nur ein Schotterbett auf niedrigerem Niveau, das später als Unterbau dienen kann. ■

Natürliche Materialien

Sandstein und Porphyr

Für Weg und Treppe wurden zwei farblich abgestimmte Materialien kombiniert: Roter Sandstein, der immer eine rauhe Oberfläche behält, und rutschfestes Porphyrpflaster. Ähnlich wie Porphyr wird häufig der härtere Granit eingesetzt.

Kalkstein

Glatt gesägt kann Kalkstein bei Nässe oder im Winter recht rutschig sein. Hier im Bild ist die Oberfläche der Muschel- kalkplatten gestockt und dadurch rutschfester.

Betonwerkstein

Verbundpflaster aus Beton- werkstein ist eine der preis- günstigsten Pflasterarten. Es gibt bessere Qualitäten, die bei Nässe und Frost nicht allzu rutschig werden.

Rindenmulch

Ein Weg mit einem Belag aus Rindenmulch braucht einen wasserdurchlässigen Unterbau. Er muß alle zwei Jahre er- neuert werden. Er eignet sich für Bereiche, in denen die Ränder nicht sehr exakt sein müssen, zum Beispiel zwischen Gehölzen. Hier hält eine Buchsreihe die Form.

Natursteine und Holz fügen sich am besten in den Garten ein. Auch Betonwerksteine und Metall lassen sich wirkungsvoll kombinieren. Sie sollten sich jedoch in der Materialwahl beschränken.

Zwei, höchstens drei Steinarten wirken besser als ein bunter Materialmix. Am bodenständigsten wirkt die jeweils für die Gegend typische Gesteinsart, der Sie den Vorzug geben sollten. ■

Kalkstein

Einfache Kalkplatten werden traditionell dort in Gemüsegärten überall verwendet, wo dieses Material vorkommt.

Wassergebundener Wegbelag

Kieswege sollten in allen Gartenbereichen, die nicht unmittelbar an das Haus grenzen, viel häufiger verwendet werden. Wenn sie eine Abgrenzung durch eine Reihe fest eingebauter Pflastersteine erhalten, ist der Pflegeaufwand gering.

Klinkersteine

Klinkersteine sind haltbar und vielseitig verwendbar. Erhältlich sind sie in verschiedenen Farbstufen von gelb bis rot.

Holzpflaster

Holzpflaster kann recht rutschig werden. Hartholz ist teuer, Weichholzpflaster aus Fichte oder Kiefer ist nicht sehr haltbar.

Pflasterstreifen am Rand

Auch ein Rindenmulchweg wird durch eine Begrenzung nach den Seiten langlebiger und pflegeleichter. Wichtig ist auch hier ein seitliches Gefälle von 2%.

Wege erschließen den Garten

Bäume und Wege sollten bei der Planung Ihres Gartens an erster Stelle stehen. Falls Ihr Garten am Hang liegt, ist die Planung von Treppen besonders wichtig. Sie sollen sich möglichst unauffällig in den fertigen Garten einfügen.

Der Zugang zum Haus soll etwa 120 cm breit und befestigt sein. Weniger wichtige Wege wie der Zugang zum Zweitsitzplatz, zum Kräutergarten, Wäscheplatz und Kompost sind 60 bis 80 cm breit, für weniger begangene Wege genügen Trittplatten. Ein Weg rund um das Haus ist meist nicht erforderlich, Sie können im hinteren, wenig betretenen Teil auch über Rasen gehen. Niemals sollten Sie einen Weg unmittelbar an der Hauswand entlang führen. Er ist schmutzanfällig und schwer sauber zu halten. Zudem muß er breiter sein, weil er sonst, vor allem mit Lasten, entlang der Wand nur unbequem begangen werden kann. Geschickter ist es, vor der Hauswand eine Pflanzung anzulegen und dann erst den Weg. Er soll keine erhöhten Kanten haben, dann läßt er sich leichter sauberhalten, bei Regen wird er »automatisch« abgespült, wenn er wenige Zentimeter höher als das Beet liegt und ein leichtes Gefälle um 2 % nach einer Seite hat.

Treppen bestehen entweder aus demselben Material wie die Wege,

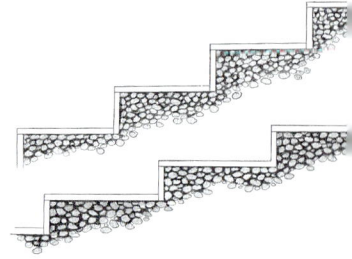

Treppen sind bequem zu begehen, wenn Steigung und Auftrittsbreite im richtigen Verhältnis stehen. Es gilt die Rechenregel: Auftrittsbreite plus zweimal Steighöhe in Zentimeter sollen zusammengezählt 65 cm ergeben.

Wege sollten niemals direkt auf das Ziel zuführen, aber auch nicht willkürlich Umwege erzwingen. Hier ergibt sich der Umweg durch den Teich, sonst meist durch Steigungen oder Gehölze.

Dieser Kalkstein-Pflasterweg weitet sich zum kleinen Platz, der zum Verweilen einlädt.

Hier hat der Gartenbesitzer hat nur einen Teil seiner Garagenzufahrt befestigt, dazwischen einen kleinen, bunt blühenden und versickerungsaktiven Schottergartenstreifen angelegt.

Die einzelnen Gartenteile werden durch Wege erschlossen. Häufig begangene Wege sind 1,20 m breit, für die übrigen genügen 60 bis 80 cm.

oder Sie verwenden Blockstufen, die mit dem Wegbelag harmonieren. Die Stufen sollten rutschfest sein und nach unten leicht abfallen, keinesfalls darf sich auf den Stufen Wasser oder gar Schmutz sammeln.

Platten und Pflaster können Sie im Beton- oder im Kiesbett verlegen. Natürlicher ist aber ein versickerungsaktiver Unterbau aus Kies. In den Fugen werden dort, wo die Fläche weniger begangen wird, auch einzelne Kräuter durchwachsen. Dies sollten Sie tolerieren! Hauseingang und Terrasse vor dem Wohnzimmer möchten die meisten Hausbesitzer so befestigt haben, daß sich aus den Fugen keine einzelnen Steinchen lösen. Sie sollten helle und breite genauso wie betont dunkle und damit schmutzanfällige Fugen vermeiden.

Wie in öffentlichen Parkanlagen kann ein Kiesweg gebaut werden. Er ist so langlebig wie Plattenwege, wenn der Unterbau fachgerecht aus verdichteten Kiesschichten erstellt ist. Zwischen bunten Staudenrabatten ergibt ein Rasenweg einen ruhigen Hintergrund. Sehr angenehm für den Fuß ist ein Weg aus Rindenmulch. Er macht sich gut zwischen Gehölzen, wo einzelne Rindenstücke nicht stören. ■

Holz für Pergolen und Zäune

Holz unterliegt als natürliches Material Abbauprozessen, die im Freiland überwiegend durch die Sonneneinstrahlung und Pilze verursacht werden. Guter Holzschutz verlängert die Haltbarkeit und spart dadurch Zeit und Kosten.

Lacke und pigmentreichere, zumeist dunklere Lasuren halten das Licht ab. Sobald lackierte Teile schadhaft werden, sollten Sie den Lack abschleifen und nachstreichen, eine mühevolle Arbeit. Lasiertes Holz soll alle paar Jahre einfach nachbehandelt werden.

Zur Fäulnispilzbekämpfung wird das Holz mit entsprechenden Schutzmitteln behandelt. Wirkungsvoller sind diese Mittel, wenn sie im Kesseldruckverfahren aufgebracht wurden. Die Präparate dringen so bis zu 1 cm weit in das Holz ein. Mit einem Anstrich gelangen Sie nur wenige Millimeter in das Holz. Nachträglich an vorbehandelte Hölzer an-

---

Konstruktiver Holzschutz

- *Vorrangiges Ziel ist es, Feuchtigkeit möglichst schnell wieder vom Holz wegzubringen. Nässe soll unverzüglich ablaufen oder verdunsten. Außerdem spielt die Holzqualität und die Holzart eine Rolle.*

- *Widerstandsfähige Holzarten sind Eiche, Lärche, Kiefer oder einige tropische Hölzer.*

- *Bevorzugen Sie Kernholz.*

- *Halten Sie alle Holzkonstruktionen durch Stahlbauteile oder ein Kiesbett fern vom Boden.*

- *An allen Teilen soll Wasser ungehindert abfließen können.*

- *Senkrecht stehende Hölzer sollten abgeschrägt oder mit einer Abdeckung versehen sein.*

- *Abgerundete Kanten sind haltbarer als spitz zulaufende.*

- *Der Witterung ausgesetzte Verbretterungen sollten senkrecht, nicht waagerecht verlaufen.*

- *Im Boden stehende Holzpfosten müssen an der Übergangsstelle Boden/Luft angebrannt werden.*

- *Verbretterungen müssen immer hinterlüftet angebracht sein.*

- *Achten Sie auf Abtropfkanten.*

Lasiertes Holz wird beim Nachbehandeln einfach überstrichen. Lackiertes Holz muß dagegen abgelaugt oder wenigstens abgeschliffen werden, wenn sich vor dem Nachstreichen Risse gebildet haben oder gar bereits der Lack abblättert.

Die Gartengrenze verschwindet hier unter einer Berankung durch Clematis alpina.

Die Berankung durch Wilden Wein versteckt ältere, vielleicht unansehnlich gewordene Zäune, die Sie dadurch nicht gleich erneuern müssen.

Holz als Bodenbelag muß ohne Verbindung mit dem Erdreich bleiben, die Pergolastützen stehen in Schuhen aus vorgeformtem rostfreien Stahl.

gebrachte Bohrlöcher sollten Sie dennoch nachstreichen. Viele Hobbywerker verzichten ganz auf Holzschutzmittel. Ohnehin sind Maßnahmen des konstruktiven Holzschutzes viel wichtiger als die Schutzmittel. Übrigens enthalten manche Lasuren pilzbekämpfende Mittel. Gegen Insekten wirksame Mittel sind im Außenbereich dagegen entbehrlich.

Weil Holz immer eine gewisse Pflege verlangt, sollten Sie über-legen, ob Sie nicht auf einen Zaun verzichten können, um sich so viel Arbeit zu sparen. Ihr Garten wirkt ohne Zaun offener und gastlicher. Zur Straße hin soll ein Zaun eigene Haustiere zurückhalten oder fremde Hunde vom Grundstück fernhalten.

Wo dies nicht notwendig ist, lassen Sie den Zaun weg und ersetzen ihn durch eine niedrige, stachelige Bepflanzung oder eine niedrige Trockenmauer.

Haben Sie ein gutes Verhältnis zum Nachbarn, sollten Sie ihn fragen, ob er damit einverstanden ist, auf eine Abgrenzung zwischen den Grundstücken zu verzichten. Sie sparen gemeinsam viel Geld und Arbeit, außerdem wirken beide Gärten größer und großzügiger. Optisch können Sie mit einer Staudenpflanzung, einer niedrigen Hecke oder einer Erdaufschüttung den Grenzverlauf andeuten. ■

Am besten wirken Zäune, die berankt sind oder wie hier unmittelbar durch die Bepflanzung begleitet werden. Sonnenhut 'Herbstsonne' und Zaun bilden eine Einheit.

Zäune erfüllen bereits ihre Funktion, wenn sie überschaubar niedrig sind und sich so der Bepflanzung unterordnen. Dieser Zaun ist mit der Sternwinde bewachsen.

Schadhafter Lack läßt Wasser ins Holz dringen, das Abtrocknen ist verzögert. Dadurch wird das Holz schneller angegriffen als unbehandeltes.

Gießen, aber richtig

Pflanzgefäße mit doppeltem Boden stehen in einem größeren Gefäß, in dem sich Wasser befindet. Dieses wird ständig über Dochte ins Pflanzsubstrat gesaugt. Verbindet man das Wasserreservoir über eine Schaltung mit einem Schwimmer, wie auch im Toiletten-Spülkasten, mit der Wasserleitung, wird bei sinkendem Wasserspiegel neues Wasser zugeführt.

Feuchtefühler als »Grüner Daumen«

Trockenes Substrat »zieht« Wasser aus dem Tonfühler, in dem dadurch ein Unterdruck entsteht, der wiederum zum Zuschalten von Wasser genutzt wird. Über drei Wochen sollte die Anlage genau beobachtet und, wenn nötig, nachreguliert werden. Anschließend können Sie sorglos zwischen Ihren Kübelpflanzen auf der Terrasse sitzen oder auch mehrere Wochen in Urlaub fahren.

Ein Feuchtefühler steuert hier ein Schlauchsystem mit mehreren Tropfstellen, die zum Beispiel über ein Beet verteilt werden.

Feuchtefühler aus Ton werden in das Erdreich gesteckt. Jeder der drei noch freien Tonkegel, der jeweils rechts oben einen eigenen Wasseraustritt hat, kann noch für weitere Pflanzgefäße oder Kübelpflanzen angeschlossen werden.

Ein einfacher Tisch im Garten ermöglicht schmutzträchtige Arbeiten. Lassen Sie die Kinder an diesem Tisch Tonarbeiten und andere Basteleien durchführen, so bleibt das Haus sauber. Perfekt wird dieser Arbeitsplatz durch einen Wasseranschluß und vielleicht sogar eine Überdachung.

Nur zur Sicherheit sollten Sie trotzdem einen Nachbarn bitten, hin und wieder zu kontrollieren.

Hobbyraum im Freien

Richten Sie einen Arbeitstisch mit Wasseranschluß ein, wo Sie schmutzige Schuhe, Gartengeräte und Gemüse waschen können. Hier machen auch viele Arbeiten Spaß, die sonst aus Angst vor Schmutz oft liegenbleiben. Und nicht zuletzt können Kinder hier nach Herzenslust mit allerlei Dingen werkeln.

Wer sich einmal die Zeit nimmt und viel gießt, braucht dafür auch im Hochsommer für fünf bis sechs Tage nicht mehr an das Gießen denken. Bei schweren Böden kann es nötig sein, in zwei Durchgängen zu gießen, bis 20 Liter pro Quadratmeter versickert sind. Leider sehr weit verbreitet ist die Methode, täglich ein wenig die Oberfläche zu befeuchten. Dabei geht, insgesamt betrachtet, sehr viel Wasser durch Verdunstung verloren.

Solides Werkzeug spart Arbeit

Kaufen Sie wenige, dafür stabile Arbeitsgeräte, wie sie auch der Profi verwendet. Stabile Einzelgeräte sind besser als die meisten Systeme, bei denen an einem Stiel verschiedene Geräte angesteckt werden können. Das Umstecken bedeutet immer eine Unterbrechung beim zügigen Arbeiten. Zur Mindestausstattung gehören ne-

ben Spaten, Grabegabel, Krail, Rechen und Hacke eine Schlaghacke, Schaufel, Pflanzkelle, ein einfaches Küchenmesser und eine Schubkarre. Ihr Haus bleibt sauber, wenn Sie Platz für einen Geräteschuppen haben. Früher gab es häufig auch einfache Gerätetruhen, die außerdem eine zusätzliche Sitzgelegenheit darstellen. ■

Mit dem Spaten werden tonige Böden umgegraben, Pflanzengruben ausgehoben, Gehölze ausgegraben und Stauden geteilt.

Mit der Grabegabel ernten Sie Wurzelgemüse. Außerdem hilft sie beim Umpflanzen kleinerer Sträucher und Stauden.

Mit dem Krail ebnen Sie Beete vor Anpflanzungen ein. Für Aussaaten brauchen Sie einen Rechen, der das Saatbett herstellt.

Die Hacke reißt offene Böden zwischen den Pflanzen nach Regenfällen auf und beseitigt dabei Unkräuter.

Der Grubber reißt Verkrustungen der Bodenoberfläche zum Beispiel nach Regenfällen auf.

Wählen Sie aus der reichen Sortenpalette robuste, widerstandsfähige
Rosen- und Ritterspornsorten.

Einfach mit Pfiff – Pflanzen pflegeleicht und schön

Eine gute Baumschule in Ihrer Nähe kann Ihnen die passenden Arten für Ihr Gartenklima und Ihren Gartenboden empfehlen. Das Sortiment ist ohnehin auf die örtlichen Gegebenheiten abgestimmt. Meiden Sie zum Beispiel mehltauanfällige Rittersporn- oder Rosensorten.

siehe auch Seite 58

Manche Apfel- oder Traubensorten gedeihen nur mit wiederholten Spritz- und Pflegemaßnahmen. Verlangen Sie schorfresistente Äpfelbäume und einen mehltaufesten Hausrebstock. Kundenfreundliche Betriebe sind bereit, für Sie auch nicht vorrätige Spitzensorten zu bestellen. Solche Sorten werden nicht sonderlich häufig verlangt, weil sie manchmal auch etwas teurer sind. Langfristig lohnt sich diese Ausgabe in jedem Fall. ◼

Pflege – was sein muß

Pflegeleichte Gärten sollen wenig Arbeit machen, aber dennoch für die Betrachter ansprechend wirken. Die folgende Zusammenstellung soll als Orientierungshilfe für einen ausreichend »ordentlichen« Garten dienen.

Verwenden Sie das Fallaub gleich zum Mulchen von Sträucherpflanzungen.

Alle Gartenteile

Wurzelunkräuter sollten bereits vor der Pflanzung vollständig ausgelesen werden. Samenunkräuter müssen immer entfernt werden, bevor sie Samen ansetzen.

Das Hacken können Sie sich durch einen dichten Pflanzenbe-wuchs oder eine Mulchdecke sparen. Geschlossene Rasen-, Stauden- und Gehölzflächen müssen nur unmittelbar nach Neupflanzungen durchgehackt werden. Offener Boden kann alternativ dazu mit den verschiedensten Materialien abgedeckt werden. Rasenschnitt verteilen Sie unter Obstgehölzen und größeren Gemüsepflanzen wie Tomaten. Unter größeren Gehölzen verhindert eine 5–10 cm dicke Schicht aus Rindenmulch den Aufwuchs von Samenunkräutern. Alle Pflanzenteile, die Sie im Garten abschneiden, kommen auf den Kompost, soweit sie nicht als Mulchmaterial geeignet sind. Ersparen können Sie sich das Kom-

Kanadischer Hartriegel ist ein aparter Bodendecker für halbschattige, nicht zu trockene Standorte.

postieren überall dort, wo die Gemeinde eine Biotonne bereitstellt. Wo Pflanzenteile entnommen werden, muß der Gärtner verlorengegangene Nährstoffe ersetzen. Dies gilt für Zierrasen, Gemüseflächen, Schnittstauden, Beetrosen und Beerensträucher. Sparen können Sie sich das Düngen auf Blumenwiesen, in Gehölzpflanzungen, die ihr Fallaub behalten dürfen sowie unter ausgewachsenen Obstbäumen und in naturnahen Staudenpflanzungen.

Zierrasen, Gemüseflächen, nach längeren Trockenperioden auch Sommerblumen und Prachtstauden brauchen viel Wasser. Täglich müssen Sie alle Kübelpflanzen, Pflanztröge und Balkonkästen gießen, wenn Sie keine automatische Bewässerung installieren möchten.

siehe auch Seite 50

Obstgehölze, Prachtstauden und Rosen brauchen Sie nicht zu gießen, wenn auch zusätzliche

Nur auf befestigten Flächen und empfindlichen Zierrasen muß Laub im Herbst entfernt werden.

Stoh eignet sich gut als Mulch in Gehölzen, unter Obstbäumen und -sträuchern.

Tip

Natur Buch

Bei Frühjahrsblühern können Sie den Schnitt bis kurz vor der Blüte aufschieben. Die abgeschnittenen Zweige stellen Sie in Vasen, wo sie bald aufblühen und prächtige Frühlingssträuße abgeben, bevor die Blüte im Garten beginnt. Einige Arten wie Forsythien lassen sich bereits als Barbarazweige vor Weihnachten schneiden. Während des Sommers müssen Sie vielleicht manchmal Wasser ergänzen. Am besten nehmen Sie, wo möglich, Regenwasser. Im Herbst sollten Sie zu üppig entwickelte Pflanzen und vor allem Fallaub entfernen.

Wassergaben ein üppigeres Wachstum bewirken können. Wildstaudenpflanzungen, Blumenwiesen, Bäume und Sträucher brauchen in der Regel nicht gegossen zu werden. Ausnahmen sind nur Moorbeetpflanzungen in regenarmen Gebieten, die in speziell vom übrigen Boden abgetrennten Beeten stehen. ■

Rasen

Je naturnäher Sie Ihren Rasen pflegen, umso seltener müssen Sie ihn mähen. Alle ein bis zwei Wochen muß Zierrasen und Sportrasen gemäht werden, einfacher Gebrauchsrasen nur im mehrwöchigen Abstand.

Stauden

Wildstaudenpflanzungen benötigen ab dem zweiten Standjahr nur noch korrigierende Eingriffe. Was sich zu stark vermehrt und andere Arten überwuchert, wird eingedämmt. Eventuell entstehende Lücken werden mit abgeteilten Staudenpflanzen bepflanzt und Unkräuter im mehrwöchigen Abstand ausgejätet. Ein Durchhacken ist nicht erforderlich. Beetstaudenpflanzungen werden ebenfalls frei von Unkräutern gehalten. Wenn einzelne Arten in Ihrem Garten nicht so recht gedeihen wollen, sollten Sie sich alsbald von ihnen trennen. Nicht an den Standort angepaßte oder krankheitsanfällige Sorten machen Ihnen viel Mühe und wenig Freude. Probieren Sie lieber eine neue Art aus oder entnehmen Sie Teilstücke bewährter Stauden zum Pflanzen von Lücken. Einige Stauden müssen ohnehin im mehrjährigen Abstand neu aufgepflanzt werden.

Abgeblühte Frühjahrs- und Sommerstauden schneiden Sie zurück. Hierzu genügt es, alle paar Wochen einmal mit der Gartenschere durchzugehen. Herbststauden können bis ins Frühjahr stehenbleiben. Dann sind die Stengel mürbe und lassen sich von Hand entfernen.

Gehölze

Ziergehölze bedecken große Flächen und machen besonders wenig Arbeit. Alle zwei bis drei Jahre sollten Sie im zeitigen Frühjahr mit der Astschere oder einer kleinen Baumsäge durchgehen, und die jeweils dicksten Triebe in Bodennähe abschneiden.

Bauten

Holz, das der Witterung ausgesetzt ist, muß öfter nachbehandelt werden. Es ist einfacher, lasiertes Holz alle zwei Jahre zu überstreichen, als lackiertes Holz in mehrjährigen Abständen neu zu lackieren. Auch Metall muß alle paar Jahre nachgestrichen werden. Am pflegeleichtesten ist rostfreier Edelstahl.

Fallaub verschwindet zwischen den Trieben der Bodendecker, Sie brauchen es nicht zu entfernen.

Stauden, Gehölze und Rosen

ehölze bilden in jedem Garten den grünen Rahmen. Bäume setzen die Hauptakzente, Sträucher grenzen die verschiedenen Gartenbereiche voneinander ab. Laubgehölze zeigen mit ihrem ständig wechselndem Anblick von Blüten, Blättern, Fruchtschmuck und Herbstfärbung den Jahresablauf im Garten an. Viele Hobbygärtner meinen, Nadelgehölze seien pflegeleichter als Laubgehölze. Tatsächlich benötigen die meisten Laubgehölze nicht mehr Pflege als Nadelgehölze, der Laubfall beschränkt sich auf wenige Wochen im Jahr. Wenn die Unterpflanzung richtig gewählt ist, muß das Fallaub nicht entfernt werden, so daß auch dieser Einwand gegenstandslos ist.

Nadelgehölze sind ganzjährig grün. Nicht umsonst versinnbildlichen sie auf vielen Friedhöfen oft als »Lebensbaum« das Wunschbild vom ewigen Leben. Im Garten wirken sie langweilig, vor allem, wenn sie zu zahlreich verwendet werden. Gegen einzelne Exemplare als immergrüne Farbtupfer im Winter ist nichts einzuwenden. Zu den blühfreudigsten Sträuchern im Garten gehören Rosen. Bei der richtigen Auswahl machen diese Schönheiten gar nicht viel Mühe.

Ein natürliches Umfeld für Gehölze bilden Stauden. Während des Jahres machen herbstblühende Stauden am wenigsten Arbeit: Sie treiben im Frühjahr aus, wachsen während des Sommers langsam

Geschnittene Hecken verursachen viel Arbeit.

heran und bieten über Monate hinweg einen attraktiven grünen Anblick. Wenn die Tage kürzer werden, bildet die Blüte einen herbstlichen Glanzpunkt. Nach

Ungeschnittene Hecken sind pflegeleicht und brauchen nur wenig mehr Platz als geschnittene.

der Blüte, oft bereits nach den ersten Nachtfrösten, bilden sich Fruchtstände, die bei vielen Arten durchaus attraktive Formen besitzen und ungeschnitten den ganzen Winter über stehen bleiben können. Manche Arten bieten mit ihren Samen sogar den Vögeln ein willkommenes Zubrot im Winter. ■

Robuste Rosen machen nicht viel Arbeit

Apfelrose

Die robuste Rosa villosa wurde früher wegen ihrer bis zu 3 cm großen Hagebutten in vielen Hausgärten gepflanzt – ein Fest auch für viele Vögel. Sie blüht von Juni bis Juli. Der dicht verzweigte, bis zu 2 m hohe Strauch kann sich durch Ausläufer stark vermehren.

'Gruß aus Heidelberg'

Die prächtig feurigrot blühende 'Gruß an Heidelberg' wird 2–3 m hoch. Sie ist öfterblühend und bezaubert durch ihren Duft.

Chinesische Goldrose

Rosa hugonis blüht bereits Ende Mai/Anfang Juni. Die goldgelben, einfachen Blüten erscheinen an mehrjährigen Trieben. Ein Schnitt ist daher nur alle 4–5 Jahre erforderlich.

Kartoffelrose

Rosa rugosa zählt zu den robustesten Sorten überhaupt. Sie ist winterhart, stellt keine besonderen Ansprüche an den Boden und verträgt zudem Trockenheit. Zusätzlich zeichnet sie sich durch Gesundheit und Robustheit aus. Sie blüht von Juni bis in den Herbst hinein; die Hagebutten sind besonders gut in der Küche zu verwenden.

Rosen gehören mit Recht zu den mit Abstand beliebtesten Gartenpflanzen. Zahlreiche Neuzüchtungen und eine inzwischen fast unüberschaubare Sortenvielfalt belegen das Interesse der Rosenfreunde an diesen Königinnen der Blumen.

Doch stehen Rosen ganz zu Unrecht im Ruf, besonders pflegeaufwendig zu sein. Auf dieser Seite finden Sie Beispiele für Sorten, die nicht nur robust sind, sondern auch ansonsten nicht viel Mühe bereiten. So brauchen Sie auch im pflegeleichten Garten nicht auf die sommerliche Blütenpracht zu verzichten. ■

Strauchrosen als Solitär

Eine von vielen Möglichkeiten: Farblich passende Strauchrosen nebeneinander sind ein Blickfang in jedem Garten. Robuste Sorten sind 'Bischofsstadt Paderborn', 'Ilse Haberland', 'Nymphenburg' und 'Lichtkönigin Lucia'.

'Schneeflocke'

Bodendeckende Rosen sind eine schöne Alternative zum grünen Einerlei, das viele Vorgärten und Böschungen ziert. Robuste Sorten sind 'Snow Ballet', 'Fiona', 'Swany' und 'Bonica'.

'Westerland'

Eine starkwüchsige, goldgelb bis lachsaprikosenfarbig blühende Strauchrose. Sie blüht reich und anhaltend bis zum ersten Frost. Wegen des ausladenden Wuchses sollte sie einzeln stehen, um voll zur Geltung zu kommen.

'Grandhotel'

Eine Strauchrose, die auch sich selbst überlassen werden kann und als Solitär im Garten gut zur Geltung kommt. Die leuchtendroten Sorte wird bis zu
2 m hoch und ist öfterblühend

'White Cockade'

Eine langsam wachsende, großblumige Kletterrose, die eine Höhe von ca. 3 m erreicht. Die dichtgefüllten, weißen Blüten erfreuen vom Sommer bis in den Herbst.

Pflegeleichte Rosenbegleiter

Blaue, graue und weiße Blüten und Blätter bringen Rosenfarben besonders gut zum Leuchten. Rosenbegleiter mit immergrünen Blättern bringen auch im Winter, wenn die Rosen kahl und ohne Blattwerk dastehen, Farbe in den Garten. Zumindest sollten die Rosennachbarn wie die Rosen selbst eine langanhaltende Blüte haben. In diesem Fall müssen Sie im Lauf des Jahres selten pflegend eingreifen. So fällt es auch kaum auf, wenn abgeblühte Rosen nicht immer sofort abgeschnitten werden. Zu den rundlichen Rosenblüten passen filigran gebaute Pflanzengestalten mit fiedrigen oder grasartigen Blättern und rispen- oder ährenartigen Blütenständen sowie sehr feingliedrigen Blüten. In der Floristik ist Schleierkraut das meistverwendete Beiwerk in Rosengebinden. Der klassische Rosenbegleiter ist Lavendel, dessen Blau besonders gut harmoniert.

Die Bartblume blüht im Hochsommer; passend zu öfterblühenden Strauchrosen.

Herbststimmung im Rosengarten mit Gräsern.

Natur Buch Tip

Möchten Sie Flächen in der Nähe Ihrer Rosen schnell mit dauerblühenden Sommerblumen bepflanzen, kaufen Sie Mitte Mai beim Gärtner Lobelien, Leberbalsam, Heliotrop oder Silberblatt. Diese Arten werden im Herbst abgeräumt, im nächsten Jahr können Sie wieder neu gestalten.

Sommerblumen

Einige Sommerblumenarten, die sich im Garten von selbst aussäen und daher jedes Frühjahr von selbst wieder neu keimen, passen ebenfalls gut ins Rosenbeet.

Dazu gehören beispielsweise die Schleifenblume, Gretchen im Busch und der Sommerrittersporn. Sie blühen jedoch nur für kurze Zeit im Frühsommer und stellen damit eine willkommene Ergänzung zu den vorher genannten Arten dar. ■

Die schönsten Rosenbegleiter

- *Salbei (Salvia nemorosa):* Blüte blauviolett oder weiß, in lockeren Scheinähren, Blütezeit Juni–Juli

- *verschiedene Gräser, z. B. Blauschwingel, Blaustrahlhafer*

- *Knäuelglockenblume (Campanula glomerata):* Blüte blauviolett oder weiß, in Büscheln, Blütezeit Juni–August

- *Katzenminze (Nepeta x faassenii):* Blüten lilablau, ährenförmig, Blütezeit Mai–September

- *Schleierkraut (Gypsophila paniculata):* Blüten weiß, feingliedrig, Blütezeit Juni–August

- *Ehrenpreis (Veronica spec.):* Blüte blau oder weiß, Blütezeit je nach Art Mai–August

- *Lavendel (Lavandula angustifolia):* Blüten blauviolett in Scheinähren, feinduftend, Blütezeit Juni–August

- *Rittersporn (Delphinium x cultorum):* Blüten blau, violett,·weiß, passen besonders gut zu Strauchrosen, Blütezeit Juni–Juli, September

- *Staudenlein (Linum perenne):* Blüten himmelblau, horstartiger Wuchs, Blütezeit Juni–August

---

Salbei. Die weiß panaschierte Form bildet ebenso wie die violettlaubige wenig Blüten.
20 cm

Minze, weiß panaschiert. Nicht völlig winterhart, man kann sie jährlich zukaufen oder überwintern.
30 cm

Schleierkraut. Sogar nach der Blüte wirkt Schleierkraut noch frisch und attraktiv.
60 cm VI–VIII

Lavendel. Abgeblühte und vertrocknete Blütenstände lassen sich leicht entfernen.
60 cm VII–VIII

Rosmarin. Er braucht Winterschutz durch eine Lage Stroh, oder eine Überwinterung im Haus.
50 cm VI–VII

Ehrenpreis. Hier zusammen mit Hornkraut. Es gibt Arten für trockene und feuchte Standorte.
in vielen Sorten erhältlich.

Der Bauerngarten:
robust und schön

Bauerngärten dienten früher zur Selbstversorgung. Den Rahmen am Zaun entlang bildeten bunte Stauden, denen bei weitem nicht so viel Aufmerksamkeit gewidmet wurde wie dem Gemüse.

| siehe auch Seiten 24 und 38

Es konnten sich nur Arten behaupten, die wüchsig und blühfreudig waren.

Gehölze am Bauerngarten

Den Bauerngarten begrenzen Kletterrosen, naturnahe Sträucher wie Holunder, immergrüne Laubgehölze wie Mahonie oder Liguster, aber auch Nadelgehölze wie Wacholder oder Kiefer und natürlich Obstgehölze.

Buchs im Bauerngarten?

Eine Minihecke aus geschnittenem Buchs ist sehr pflegeaufwendig. Sie muß regelmäßig geschnitten werden, das Freihalten von Unkraut ist nicht ganz einfach, und nicht zuletzt muß man immer wieder mit Ausfällen im Winter rechnen.

Pflegeleichter sind kurzlebige Beetumrandungen aus lange grün bleibenden Gemüse- oder Kräuterarten, z. B. Petersilie oder Pastinaken. Wer auf Buchs nicht verzichten möchte, läßt einzelne Sträucher als grüne Büsche frei wachsen.

Wichtig bei der Neuanlage einer Buchsumrandung: Der Boden soll völlig frei sein von Wurzelunkräutern.

Bauerngärtchen können rustikal gehalten werden und trotzdem gepflegt wirken.

Ein als Bauerngarten gestalteter
Gartenteil kann sehr fröhlich wirken.

Knollen- und Zwiebelblumen

Auf einfache Art und Weise
schließen Dahlien und Knollenbegonien jede Lücke im Garten.
Ausdauernde Arten wie Lilien
oder die bekannten Frühjahrsblüher kommen jedes Jahr wieder.

Zweijährige

Die Zweijährigen werden im Ju-
ni/Juli ausgesät und im folgenden
Herbst oder Frühjahr umgepflanzt.
Im pflegeleichten Garten wird man
sich die vorgezogenen Jungpflanzen zur Pflanzzeit beim Gärtner
besorgen. Frühblühende Arten wie
Tausendschön, Nachtviole oder
Goldlack stehen auch gut zwischen herbstblühenden Stauden.
Pflegeleichte Sommerblüher sind
Fingerhut, Marienglockenblume,
Königskerze und Stockrose. Sie
wirken im Garten wie Stauden,
sterben jedoch nach der Blüte ab. ■

Eine Buchsumrandung wirkt sehr ansprechend, verlangt jedoch viel Pflege.

Natur Buch

Lassen Sie von den Zweijährigen immer an unauffälliger
Stelle einige verblühte Triebe
zur Samenreife kommen.
Die ausgefallenen Samen
sorgen ganz von selbst für
Jungpflanzen, wenn sich die
Art in Ihrem Garten wohlfühlt.
Sollten die neuen Pflanzen
an unpassender Stelle wachsen,
lassen sie sich leicht ver-
setzen. Diese leichte Verpflanz-
barkeit zu jeder Zeit ist der
große Vorteil der Zweijährigen.

Die spätblühende Dich-
ternarzisse verströmt ei-
nen intensiven Duft.
50 cm V

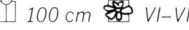
Die zierlichen Blütchen
der Brennenden Liebe
zeigen ein auffälliges,
feuriges Rot.
100 cm VI–VII

Die Stockrose treibt
imposante, bis 3 m
hohe Blütenkerzen.
2–3 m VII–IX

Bunte Blüten, üppiges Blattwerk und süße Beeren

Gehölze bedecken den Boden mit einer natürlichen Laubschicht. Wo junge Sträucher noch nicht so viel Laub abwerfen, können Sie an anderer Stelle zusammengerechtes Laub unter den Sträuchern gleichmäßig ausbreiten. So sparen Sie sich die Kompostbereitung. Die Laubschicht wirkt als ausreichender Dünger und verhindert außerdem den Aufwuchs von Samenunkräutern.

Farbtupfer unter kahlen Gehölzen im Frühjahr

Wie im Laubwald schieben Winterlinge, Schneeglöckchen, Leberblümchen, Schlüsselblumen und Lungenkraut ihre Blüten im Frühjahr zwischen den dürren Blättern nach oben.

| siehe auch Seite 25

Unter lichten Sträuchern können zahlreiche schattenliebende Stauden stehen.

Ganzjährig schöne Gehölze

Nach der Blüte im Frühjahr oder Sommer zeigen viele Arten interessant geformte Blätter, appetitlichen Fruchtschmuck und bunte Herbstfärbung. Einige Arten sorgen durch eine gelbe oder rote Rindenfarbe sogar im Winter für einen Blickfang.

Sträucherschnitt ist einfach

Leider zeigen ringsum an allen Trieben gestutzte Sträucher in vielen Gärten die mühevollen Versuche ihrer Besitzer, sie klein zu hal-

Blütenfahrplan

Jan.–Feb.	Haselnuß, Zaubernuß, Winterjasmin, Kornelkirsch
März	Scheinquitten, Duftschneeb.
April	Goldglöckchen, Felsenbirn Magnolien, Blutjohannisbeere, Zierkirschen, Mahonien, Ginster, Rhododendro
Mai	Goldregen, Flieder, Spierstrauch, Deutzie, Kolkwitzi Ranunkelstrauch, Heckenkirsche, Schneeball, Pfaffer hütchen
Juni	Felsenmispel, Bogenflieder, Pfeifenstrauch, Weigelie, Tamariske, Perückenstrauc Holunder, Schmalblättriger Sommerflieder
Juli	Sommerflieder (Schmetterlingsstrauch), Johanniskrau Fingerkraut
Aug.–Okt.	Bartblume
Okt.–Dez.	Efeu, Amerik. Zaubernuß

Ein auffälliger Winterblüher ist der Winterjasmin. An Kletterhilfen steigt er mehrere Meter hoch.

2 m XII–III

Die immergrüne Mahonie gedeiht auch im Halbschatten.

100 cm IV–V

Neben dem Purpurginster erhalten Sie auch gelbblühende Arten.

60 cm VI–VII

Tip Natur Buch

Wo frisch gepflanzte Hecken noch nicht viel Laub hervorbringen, um das Erdreich mit einer unkrauthemmenden Schicht zu bedecken, hilft eine 8 cm dicke Rindenmulchschicht. Haben Sie sehr kleine Pflanzen verwendet, empfiehlt es sich jedoch, diese Schicht nicht unmittelbar nach der Pflanzung, sondern erst im folgenden Jahr aufzubringen. Rindenmulch wirkt nämlich insgesamt leicht wuchshemmend. Kräftige Gehölze kommen aber damit gut zurecht.

Den Sommerflieder findet man heute in vielen Gärten, weil er noch im Spätsommer blüht.

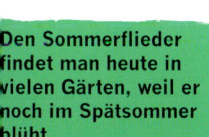

200 cm   VII–IX

Aus der »fliederfarbenen« Urform des Flieders werden teils gefüllt blühende Sorten in weiß bis rot gezüchtet.

2–3 m   V

Der Wollige Schneeball liebt kalkreiche Böden, die roten, später schwarzen Beeren sind giftig.

V–VI

3–5 m   V–VI

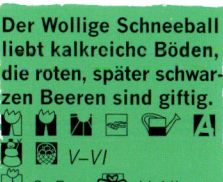

Beim naturgemäßen Sträucherschnitt schneiden Sie die ältesten Triebe in Bodennähe ab.

ten. Dabei ist der richtige, naturgemäße Sträucherschnitt bei den meisten Ziergehölzen so einfach. Sie brauchen lediglich alle paar Jahre die ältesten, dicksten Triebe in Bodennähe abschneiden. Mit einer guten Astschere oder einer kleinen Bügelsäge sind Sie in wenigen Minuten fertig. ■

Topinambur macht den Gemüsegarten zum Staudenbeet. Im Hintergrund leuchtet das herbstliche
Laub des Essigbaumes.

Duftend, schön und lecker – ein Obstbaum als Hausbaum

Immer noch hält sich hartnäckig das Vorurteil, jeglicher Nutzgarten sei arbeitsaufwendig, unschön anzusehen und lohne sich ohnehin nicht.

Dabei gibt es viele Möglichkeiten Obstgehölze, Gemüse und Küchenkräuter in den Ziergarten zu integrieren, oder zumindest am Rande ein kleines Fleckchen dafür vorzusehen. Wer das Erlebnis eigener Ernten im Garten kennt, deren Heranreifen man im Jahresablauf selbst beobachtet hat, will darauf nicht mehr verzichten.

Die folgenden Seiten zeigen Ihnen schön anzuschauende Nutzpflanzen, die nicht mehr Pflege als Zierpflanzen beanspruchen.

In jedem besonnten Stauden- und Blumengarten lassen sich winterharte Heil- und Gewürzkräuter ergänzen. Selbst reine Kräutergärten lassen sich so gestalten, daß sie den ganzen Sommer über blühen und zahlreiche Schmetterlinge und andere Insekten anlocken.

siehe auch Seite 68

Bäume beschirmen das Haus und spenden im Sommer Schatten für den Sitzplatz oder den Stellplatz. Sie sind unverzichtbar als optisches Gerüst einer gut gelungenen Gartengestaltung. Viel Arbeit verursachen sie nach der Pflanzung nicht mehr. Viele Gartenbesitzer fürchten das herbstliche Fallaub. Tatsächlich muß es nur von empfindlichem Zierrasen oder befestigten Plätzen entfernt wer-

Ganz selten sieht man die Germanische Mispel in unseren Gärten. Ihre Blüten ähneln der Quittenblüte.

den, und das nur während weniger Tage im Jahr.

Wer nun die Ernte nicht als Arbeit, sondern als zusätzliches Vergnügen für groß und klein betrach-

Auf die zartrosa Quittenblüten im späten Frühjahr folgen im Spätsommer weithin leuchtende, gelbe Früchte.

tet, sollte als Schattenspender unbedingt einen Obstbaum wählen. Die Blütenpracht im Frühjahr kann bei allen Arten durchaus mit Ziergehölzen konkurrieren. Das heranreifende Obst lockt den Blick immer wieder auf sich. Es gilt nun, pflegeleichte Arten und Sorten auszuwählen. ■

Ausdauernde Kräuter: Mittelmeerpflanzen in Ihrem Garten

Zitronenmelisse

Bis zu 70 cm hoher Busch mit unauffälliger Blüte ab Juli/ August. Fruchtig frischer Duft nach Zitrone, Ernte der jungen Triebspitzen und Blätter.

Tripmadam

Sehr trockenresistente Steingartenstaude mit kriechendem Wuchs. Fleischige, nadelähnliche Blättchen, gelbe Blütendolden von Juni bis August. Nur frische, junge Triebspitzen für Salate und Soßen; säuerlicher Geschmack.

Origanum

Bis 60 cm hohe Staude mit hellvioletten, doldenähnlichen Blütenköpfchen im Juli bis September. Ernte der jungen Blättchen und Triebspitzen; klassisches Pizzagewürz.

Pfefferminze

Bis 80 cm hohe Triebe mit violetten Blütenrispen im Juli bis August. Bildet Ausläufer und muß hin und wieder eingedämmt werden. Triebspitzen für Tees verwenden.

Die pflegeleichtesten Gewächse, mit denen Sie einen Bauerngarten bepflanzen können, sind ausdauernde Heil- und Gewürzkräuter. Sie haben besonders in den ländlichen Gärten eine Jahrhunderte alte Tradition, die bereits auf die Klöster- und Herrenhöfe zur Zeit Kaisers Karl des Großen zurückgeht. Ihre Pflege entspricht in der Regel der von Stauden, wobei die meisten Arten besonders robust und genügsam sind. Viele Bauerngartenpflanzen stammen übrigens aus dem Mittelmeerraum und passen auch hervorragend in moderne, naturnah angelegte Steinanlagen. ■

Salbei

Bis 70 cm hoher Halbstrauch mit graugrünem Laub, blaue Blütenähren von Juni bis August. Ernte der jungen Blättchen. Es gibt zahlreiche Sorten mit violetten, gelblichen oder weiß gescheckten (panaschierten) Blättern.

Thymian

Bis 30 cm hoher Halbstrauch. Violette Blüten von Mai bis September. Junge Triebspitzen können laufend geerntet werden.

Schnittlauch

Grasartiger Wuchs bis 30 cm, violette, kugelige Blütenköpfchen im Juni/Juli. Er sollte nur frisch verwendet werden.

Lavendel

Ein bis zu 60 cm hoher, am Boden verholzender, immergrüner Halbstrauch. Blütezeit von Juli bis September.

Estragon

Etwa 1,50 m hohe Staude mit feinen, schmal-lanzettlichen Blättchen, die jung geerntet werden. Blütezeit im Juni–September.

Beerensträucher
zum gesunden Naschen

Beerensträucher als Hecke eigenen sich hervorragend als Sichtschutz vor dem Komposthaufen, als Abgrenzung gegen den Nachbarn oder als optische Abtrennung zum Gemüse-

Ein Johannisbeerstämmchen lockt nicht nur Kinder in den Garten. Hochstämmchen sind leichter abzuernten.

oder Kräuterbereich, aber auch zur Spielecke. Der Boden unter den Sträuchern wird mit anfallendem Rasenschnitt abgedeckt.

siehe ab Seite 65

Wichtig: Kaufen Sie nur mehltauresistente Stachelbeersorten und robuste Johannisbeersorten. Be-

sonders üppig wachsende und auch zum Anbau am Spalier geeignet sind Jostabeeren, eine Kreuzung zwischen Schwarzen Johannis- und Stachelbeeren.

Ziersträucher zum Naschen

Unter den auf S. 64/65 beschriebenen Ziersträuchern tragen Haselnuß, Kornelkirsche und Felsenbirne eßbare Früchte. Felsenbirnen sind kleine, blaue, sehr süße »Beeren« und daher bei Kindern sehr beliebt. Scheinquitten, Sanddorn, und Holunder lassen sich ebenso wie Kornelkirschen

in der Küche zu Saft oder Marmelade verarbeiten. Einige weitere Ziersträucher mit eßbaren Früchten sind Apfelbeere und natürlich Wildrosen, deren Hagebutten sich ebenfalls zu Marmelade verarbeiten lassen.

Himbeeren als köstlichste Gartenfrucht

Seit wenigen Jahren gibt es sehr robuste und gesund wachsende Sorten, die zweimal im Jahr tragen können. Eine der besten Sorten ist 'Autumn Bliss', als gelbfrüchtige Sorte 'Golden Bliss'. Im pflege-

Die Erdbeerwiese bringt als Bodendecker für sonnige bis halbschattige Lagen sehr aromatische Früchte zum Naschen.

Normale Erdbeeren sollten Sie alljährlich möglichst bereits Ende Juli neu pflanzen. Junge Bestände lassen sich leichter unkrautfrei halten.

Die Kornelkirsche gehört zu den am frühesten blühenden heimischen Blütensträuchern.

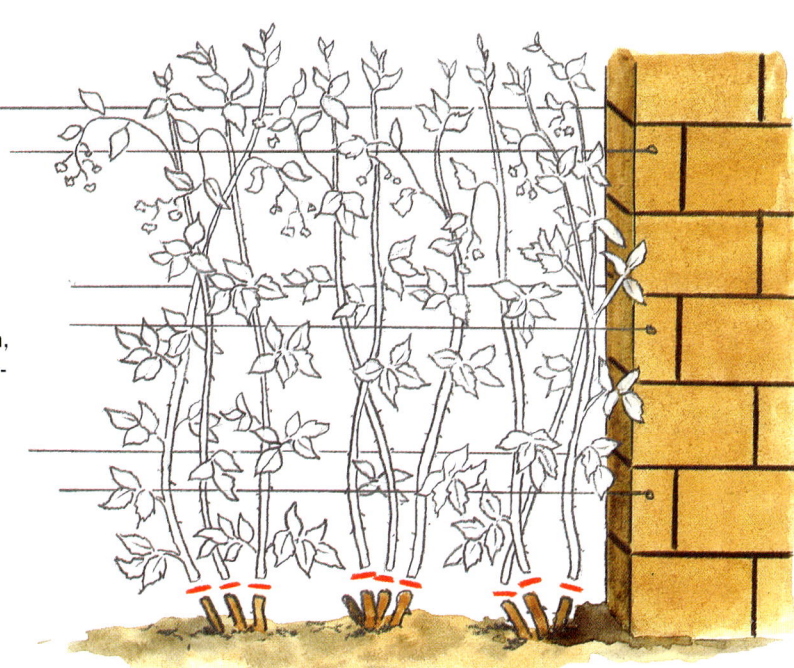

Schnitt der Himbeere

Tip Natur Buch

Kornelkirschen- und Holunderzweige sollten nicht über befestigte Flächen überhängen, weil herabfallende, reife Früchte zu Obstflecken auf den Belägen führen. Erdbeeren verlangen ein Mindestmaß an Pflege. Wenn Sie herkömmliche Erdbeersorten anbauen möchten, sollten Sie jährlich neue Pflanzen besorgen und auf ein Beet pflanzen, das mindestens drei Jahre keine Erdbeeren trug.

leichten Garten läßt man sie nur einmal tragen, dafür umso reicher: Jeder Trieb fruchtet im Herbst und im darauf folgenden Sommer. Die Sommerernte ist je-

Die Früchte der Kornelkirschen ergeben eine schmackhafte Marmelade. Um die länglichen Kerne abzutrennen, wird das Mus durchpassiert.

doch oft kümmerlich und außerdem durch Wurmbefall gefährdet. Daher schneiden Sie alle Triebe nach dem Frosteinbruch restlos am Boden ab. Dafür bilden sich im nächsten Jahr neue Triebe, die im Spätsommer wieder tragen.

Noch recht neu in unseren Gärten ist die Apfelbeere. Bereits geringe Mengen der säuerlichen Frucht geben Marmeladen und Säften aus anderen Früchten eine appetitlich rote Farbe.

Erdbeeren als Bodendecker

Seit wenigen Jahren gibt es einige wurzelgesunde Erdbeersorten mit reichlicher Rankenbildung, die sich als

grüne Erdbeerwiese an hellen Standorten bewährt haben. So ganz nebenbei laden sie alljährlich in der Erdbeerzeit zum Naschen ein. Die Sorten 'Florika' und 'Spadeka' tragen reichlich mittelgroße, süße Früchte mit walderdbeerähnlichem Geschmack. Die alljährliche Verjüngung des Bodendeckers mit immer neuen Ausläufern läßt sich durch einen Schnitt mit der Sense, Rasenschere oder Balkenmäher gegen Mitte August nach der Ernte unterstützen. Zur Neupflanzung benötigen Sie ca. 5 Pflanzen/m². ■

Süßes Obst wächst hoch hinaus

Eine Pergola wird durch ein Weinspalier zum lauschig-romantischen, erweiterten Wohnzimmer. Früher gab es viele Enttäuschungen, weil herkömmliche Sorten sehr krankheitsanfällig sind.

Besorgen Sie sich für Ihren Hausgarten eine der mehltauresistenten neuen Sorten, von denen es weiß- und blaufrüchtige gibt.

Kiwi im eigenen Garten

Die aus dem Handel bekannten, großfrüchtigen Sorten sind sehr wärmebedürftig. Sie wachsen am besten im Weinbauklima. Für weniger begünstigte Lagen gibt es seit einigen Jahren die sehr gesundwüchsigen Arguta-Kiwis. Sie tragen reichlich 2–3 cm große, glattschalige Früchte. Sie können ab dem dritten Jahr nach der Pflanzung direkt vom Strauch die ganze Frucht mitsamt der zarten Schale genießen. Wichtig für alle Kiwisorten: Pflanzen Sie immer,

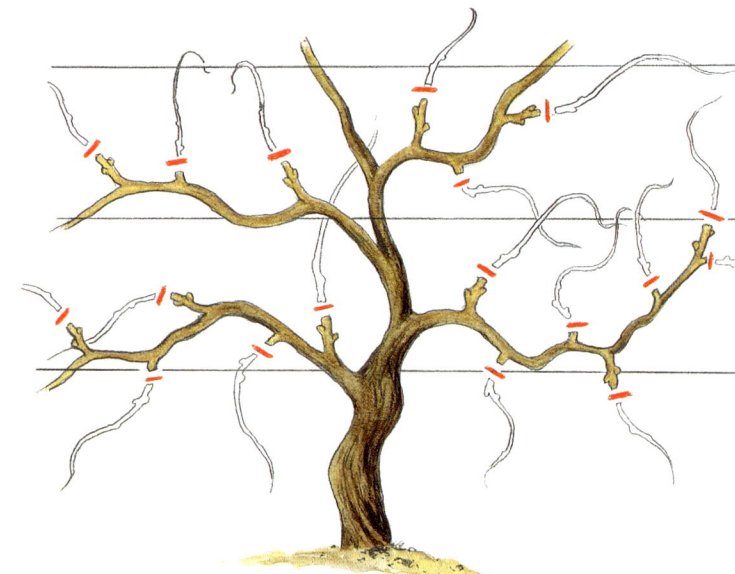

Schnitt des Weinstockes

Brombeerschnitt

Ein Rebstock am Haus beschattet den Minigarten mit Sitzplatz.

Kiwipflanzen sind einhäusig. Wenn Sie Früchte ernten wollen, brauchen Sie eine männliche und eine weibliche Pflanze.

auch bei Arguta-Typen, eine männliche Pflanze für die Befruchtung. Eine Pflanze reicht auch für mehrere weibliche aus.

Kleinwüchsige Obstgehölze

Die wurzelechten Steinobstarten 'Hauszwetschge' und die Pfirsichsorte 'Kernechter vom Vorgebirge' werden höchstens 4 m hoch und passen somit auch in kleinere Gärten.

Gurken hoch hinaus

Zaunhohe Rankgerüste lassen sich mit Einlegegurkensorten oder besonders robusten Salatgurken wie der Sorte 'Paska' beranken. Sie müssen jedoch immer wieder einmal nachhelfen und die Triebe nach oben führen. Bevorzugen Sie nur mehltauresistente Gurkensorten, die lange ihr Laub behalten. Willigere Ranker sind Kürbisarten wie Spaghettikürbis oder Herkuleskeule. Ihre Triebe werden mehrere Meter lang. ■

Frucht- und Wurzelgemüse mit Zierwert

Feuerbohnen gedeihen auch noch in rauheren Klimazonen.
  VII–X
3 m VII–IX

Ernten Sie die Blauen Bohnen regelmäßig, kommen immer wieder Blüten nach.
 VII–IX
3 m VII–VIII

Die Triebe der Einlegegurken können ebenso wie Salatgurken nach oben geleitet werden.
 VIII–X
 3 m VI–VIII

Kleinfrüchtige Kürbisse können am Klettergerüst hochwachsen.
   VIII
   2 m VI–VIII

Tomatenpflanzen leuchten appetitlich am Spalier.
 VIII–X
1,5 m V–X

Zuckermais ist frisch geerntet ein unvergleichlicher Hochgenuß.
  IX–X
 2,5 m VII–VIII

Topinambur blüht wie eine kleinblütige Sonnenblume. In der Erde gibt es schmackhaft Knollen.
   VIII–III
2,5 m VIII–X

Urbild vom Paradies:
Ein bunter Gemüsegarten

Ein Gemüsegarten im herkömmlichen Sinn verlangt viel Pflege. Wählen Sie jedoch wenig pflegeaufwendige Arten, beschränken sich die Arbeiten auf das Beetherrichten im Frühjahr und das Einwintern.

Üppige Gemüse laden zum Ernten ein.

Zuckermais

Nach der Saat Mitte Mai bilden sich bis Juli über mannshohe Stengel, die es an Schönheit mit Ziergräsern aufnehmen können. Den Boden zwischen den Stengeln können Sie mit Stroh oder getrocknetem Rasenschnitt abdecken. Die Ernte der Kolben erfolgt je nach Sorte zwischen August und Anfang Oktober. Auch nach der Ern-

te können die Stengel noch stehenbleiben, manche Gärtner nutzen sie bis in den Winter hinein als Sicht- und Windschutz. Wenn Sie die Stengel abschneiden, eignen sie sich noch als Frostschutz oder flach nebeneinandergelegt als schützende Mulchschicht für den Gemüsegarten, wenn Sie sich das Umgraben sparen wollen.

Ackerbohnen

Bis Mai wächst eine gut 80 cm hohe, grüne Wiese mit weißen Blütenquirlen in den Blattachseln heran. Der Vorteil der Kultur, die

sich auch als Gründüngung auf größeren ungenutzten Flächen eignet: Von Ende März bis zur Ernte im Juli unterdrückt die wüchsige Kultur jeglichen Aufwuchs von Samenunkräutern.

Mangold

Je nach Sorte erfolgt die Saat im April oder Mai. Bald bedeckt sich der Boden mit einem 40 cm hohen Grünteppich. Zum Schmuckstück wird das Mangoldbeet durch die Verwendung weißer, grüner, gelber und roter Sorten. Sobald die Pflanzen sich gegen-

Die Mangoldsorte 'Vulkan' bringt Farbe in das Gemüsebeet.
III–X
50 cm

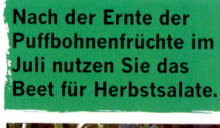

Die Puffbohnenblüte ist ein Anziehungspunkt für Bienen und Hummeln.
VI
80 cm V

Nach der Ernte der Puffbohnenfrüchte im Juli nutzen Sie das Beet für Herbstsalate.

seitig berühren, können Sie immer wieder junge, gerade ausgewachsene Blätter ernten.

Bunte Salate

Pflücksalate wie der rote 'Red Salad Bowl' oder gelbe Eichblattsalat können Sie nach 6 Wochen wie normalen Salat abschneiden. Sie können aber auch nur bei Bedarf laufend einzelne Blättchen vom emporwachsenden Stengel entnehmen, bis sich Blütenknospen zeigen. Die gelb blühenden Pflanzen werden 1,50 m hoch. Erst beim Abblühen vier Monate nach

der Pflanzung werden die Pflanzen unansehnlich und abgeräumt. Lassen Sie wenigstens eine Pflanze bis zur Samenreife stehen. Im nächsten Jahr werden einige Jungpflanzen erscheinen.

Grünspargel

Ab dem dritten Jahr nach der Pflanzung können Sie die delikaten Stangen über dem Boden abschneiden, sobald sie 20 cm lang sind. Für lohnende Ernten sollten Sie jedoch mindestens 6, besser mehr Exemplare pflanzen und einen Platzbedarf von je 1 m' einkalkulieren. Nach Abschluß der Ernte Mitte Juni überzieht sich Ihr Spargelbeet mit einem dichten Grünflor feinstverzweigter, bis 1,50 m hoher Triebe, die sich auch als Sichtschutz eignen. Viele Gartenfreunde ge-

Ein bunter Gemüsegarten mit Rosenkohl, Lauch und Sellerie.

winnen auch Bindegrün für Blumensträuße vom Spargelbeet.

Topinambur

Dieser 1,50 bis 3,00 m hohe Korbblütler ist eine Staude, die im Herbst etwa 5–8 cm große spindelförmige Knollen im Boden ausbildet. Sie schmecken nußartig. Feingeraspelt sind sie ein Genuß, sie lassen sich aber auch dünsten. Am saftigsten sind sie unmittelbar nach der Ernte. Ab April bedeckt sich der Boden mit einem Blätterteppich, ab Juni eignet sich eine Reihe Topinambur als Sichtschutz und ab Anfang August bis Oktober erscheinen die hübschen gelben Sonnenblumen. ■

Eine Zucchinipflanze versorgt eine ganze Familie.
🛠 💧 🅰 ◼ 🔲 VII–X
📦 80 cm

Nach der Blatternte blüht der Eichblattsalat mit gelben Blütenständen.
🛠 💧 🅰 ◼ 🔲 V–X
📦 80 cm

Eine repräsentative Sitzgruppe im Grünen. Gemütlich und einladend wirken Sitzgelegenheiten, die im Hintergrund bepflanzt sind, nach vorne soll genügend Ausblick bleiben.

Wohnen und genießen

Manche Gartenbesitzer gönnen sich vor lauter Arbeit nicht, ihren Garten mit Muße zu betrachten. Nutzen Sie ihn zum Sitzen, zum Lesen, zum gemütlichen Plausch mit Freunden und Nachbarn oder mit der Familie. Der Duftgarten will mit der Nase in Ruhe erwandert sein. Nehmen Sie sich die Zeit und zeigen Sie Ihren Kindern die Insektenvielfalt an Ihren Sommerstauden.

siehe auch Umschlag

Genießen können Sie nur, wenn Sie sich gemütlich niederlassen können. Das wichtigste dafür sind ausreichend Sitzgelegenheiten. Das können teure Gartenmöbel aus Holz sein, aber auch einfach ein großer Stein, ein abgesägtes Stück eines Baumstammes, eine Sitzmauer, Holzschwellen oder ein billiger Plastikstuhl. ■

Arrangieren Sie sich mit der Natur

Manche Gärten werden als erweiterter Wohnraum so intensiv »gepflegt« wie die Wohnung selbst. Weil aber die Natur immer wieder alle Anstrengung zunichte macht, kostet das »Sauberhalten« des Gar-

In den Fugen zwischen den großen Platten darf es grünen.

tens viel Mühe und wiederholtes Ausbessern. Ein Kampf gegen Windmühlen. Akzeptieren Sie, daß der Garten ein Stück gestaltete Natur ist. In der Barockzeit brachten die Herrscher mit ihren exakt symmetrischen Gärten ihre Macht über Menschen und Natur zum Ausdruck – mit Hilfe eine Heerschar von Gärtnern und Hilfskräften.

Moderne Gartengestaltung

In den 50er Jahren wollten die Gärtner nach all den Zerstörungen und dem Durcheinander formal gestaltete Gärten. Die exakt geschnittene Thujenhecke, der kurz geschorene Rasen und die schnurgerade angelegte Rosenrabatte »zierten« bald jeden Garten. Dann wurden exotische Gehölze in die Gärten geholt. Es folgte ein Trend zur Nostalgie. Wagenräder und anderes Gerät zwischen Grün

Kiesweg mit kleinen Gräsern in einem romantischen Kräutergärtlein.

drapiert und möglichst große Flächen befestigt, die Beete mit Randsteinen voneinander abgetrennt. Heute sind unsere Dörfer und Städte vollständig durchgestaltet. Im Garten läßt man im Gegensatz dazu wieder der Natur ihren Lauf. Nutzen Sie diesen Trend. Sie brauchen keine Rasenkante exakt nachzuschneiden. Aus den Plattenfugen dürfen Gräser sprießen. Sie sollten insgesamt möglichst wenig Flächen befestigen. Wenig begangene Wege erhalten einen Kiesbelag.

siehe auch Seite 46

Rasenflächen dürfen heute wieder bunte Farbtupfer zeigen. Auf Staudenflächen wachsen auch heimische Stauden, die lediglich an einer zu übermäßigen Ausbreitung gehindert werden. Was früher als Ackerunkraut verpönt war, ziert heute so manche Sommerblumenmischung für farbenfrohe Beete.

Natur Buch Tip

Diese großzügige Wegegestaltung läßt ein gewisses Maß an Kräutern, die sich von selbst einstellen, zu.

Unter Bäumen und Hecken versuchen viele Gärtner mühsam einen Rasen zu pflegen. Probieren Sie einfach einmal aus, was passiert, wenn Sie dort nicht mehr so oft mähen. Vielleicht siedeln sich an solch abgelegenen, unauffälligen Stellen ansehnliche Gewächse an, mit denen Sie leben können. Was macht es schon, wenn unter dem Haselstrauch hinter dem Komposthaufen wilder Beinwell oder Tag-Lichtnelke ganz von selbst wachsen? Sie begrünen, und bringen kleine, aparte Blüten hervor.

Behalten Sie den Überblick

Es gibt einige Wurzelunkräuter, mit denen man sich nicht arrangieren kann. Geben Sie ihnen den kleinen Finger, das heißt, gönnen Sie ihnen ein kleines Fleckchen, so werden sie es gleich als Ausgangspunkt für weitere Eroberungen nutzen. Dazu gehören der Giersch, die Quecke und die Wald-Sumpfkresse. Von ihnen sollten Sie alle, auch die kleinsten Würzelchen auslesen, die Sie beim Durchhacken finden. Sehr hartnäckig sind auch Ackerwinde und Ackerschachtelhalm. Sie lassen sich nur durch Anpflanzen größerer Stauden oder Gehölze vom Licht fernhalten. Ihre Wurzeln liegen so tief, daß Sie ohnehin keine Chance haben. Sehr vermehrungsfreudige Samenunkräuter wie die Vogelsternmiere oder den Ackerehrenpreis sollten Sie ausjäten, bevor sie Samen angesetzt haben. Eine Pflanze kann sonst weit mehr als 10 000 Samenkörner hervorbringen! ■

Eine solch prächtige Frühlingswiese eignet sich gut als Spiel- und Liegewiese im großen Garten, wenn sie alle paar Wochen gemäht wird.

Raum für Spiel und Freizeit

Aufwendig befestigt werden nur Sitzplätze, die sich unmittelbar an das Haus anschließen und häufig begangene Wege. Planen Sie zudem für heiße Sommertage weitere Sitzplätze in Ihrem Garten, die einfach nur einen Kiesbelag erhalten. Oder stellen Sie bei Bedarf einfach einige Biergartenbänke, die Sie im Schuppen oder Keller aufbewahren können, in die Wiese.

siehe auch Seite 88

Zwar soll der Garten ein erweiterter Wohnraum sein, doch wollen wir im Freien auch die Natur um uns herum genießen. Oft kann man an aufwendig angelegten Spielplätzen beobachten, daß die Kinder nicht an den teuren Geräten spielen, sondern sich vielmehr in das umliegende Gebüsch zurückziehen, um dort Abenteuer zu erleben, die eben

nicht bis ins kleinste vorgeplant sind. Wenn Sie der Natur eine Chance lassen, wird Ihr Garten interessanter und lebendiger sein – und Sie sparen sich manch unnötigen Handgriff.

Teilen Sie den Garten ein in den Teil, der naturbelassener bleiben soll. Ein weiterer Teil wird eine Spiel- und Liegewiese sein und natürlich Sitzgelegenheiten beinhalten.

siehe auch Seite 10

In der Regel werden Rasenflächen als Spielflächen für kleine Kinder angelegt. Sobald der Nachwuchs jedoch dem Sandkasten entwachsen ist, werden mit den Kindern aus der Nachbarschaft wilde Ballspiele veranstaltet, die an der Umpflanzung nicht selten auch Spuren hinterläßt. Aus diesem Grund sollten Sie von Anfang an am Rande von Spielflächen robust

hochwachsende Staudenpflanzen, die sich alljährlich von selbst erneuern. Ebenfalls geeignet sind

Der Rasen im Bild genügt den Ansprüchen an eine Grünfläche im Garten durchaus.

sehr regenerationsfreudige Sträucher. Beispiele hierfür finden Sie unter den höher wachsenden auf Seite 38, Beispiele für Sträucher auf Seite 64. Ausnahmen hiervon sind lediglich die langsam wachsenden Arten wie Zaubernuß, Winterjasmin, Kornelkirsche, Magnolien, Rhododendron und Bartblume. ■

Rasenpflege
je nach Bedarf

Bunte Blumenwiesen erfreuen das Auge weit mehr als einförmige Grünflächen – und sie machen weniger Arbeit. Warum nur setzen so viele Gartenbesitzer ihren ganzen Ehrgeiz in einen streng getrimmten Rasen? Jährlich bis zu 30 Schnitte auf niedriger Schnitthöhe sind erforderlich, um den Rasen in Form zu halten.

Übrigens: Pilze im Rasen führen zu dunkelgrünen Bereichen, gleich daneben oft zu Kahlstellen. Solche Unregelmäßigkeiten fallen bei einem Zierrasen besonder[s] störend ins Auge. In einfachen Gebrauchsrasen fallen sie ga[r] nicht auf. Mit der Umstellung au[f] eine Wiese sparen Sie sich sämt[-] liche, zudem erfolglose Bekämp[-] fungsversuche gegen die Pilze. ◀

Welche Sorte

Rasen ist nicht gleich Rasen. Wenn es schon eine Rasenfläche im Garten sein soll, dann lassen Sie sich gut beraten, welche Grassorte für Ihre Zwecke in Frage kommt. Sie ersparen sich viel Arbeit. Die Abbildung zeigt eine Breitgrasfläche.

Zierrasen

Makelloser Zierrasen muß nahezu wöchentlich gemäht werden. Wird dabei das Gras immer entfernt, so muß auch mehrmals jährlich nachgedüngt werden.

Gebrauchsrasen als Spielfläche

Wenn nicht gerade täglich alle Nachbarschaftskinder auf Ihrem Rasen Fußball spielen, halten die üblichen Rasenunkräuter die Belastung durch eine Familie leicht aus. Diese Rasenform ist pflegeleichter als Zierrasen oder Sportrasen.

Rasentypen mit unterschiedlicher Pflegeintensität

Rasentyp	Aufgabe der Rasenfläche	Schnitte pro Jahr	Schnitthöhe	Düngegaben jährlich
Zierrasen	Repräsentation	mehr als 30	2 cm	4 bis 8
Sportrasen	Fußballplatz	15 bis 25	4 cm	5
Gebrauchsrasen	Spiel-, Liegewiese, Wäscheplatz	10 bis 15	4 cm	2 bis 3
Blumenwiese	Zierfunktion Lebensraum für Insekten	1 bis maximal 3	5 bis 6 cm	–

Rasenmähen

Rasenschnitt kann in leicht angewelkter Form als Mulchmaterial für Obstgehölze und Hecken verwendet werden.

Gebrauchsrasen als Grünfläche

Stauden und Sträucher wirken vor einer Grünfläche besonders gut. Der Rasen darf dabei jedoch ruhig einige Blümchen enthalten.

Vom Rasen zur Blumenwiese

Der große Unterschied zwischen einem Rasen und einer Blumenwiese ist für den Gartennutzer die Begehbarkeit. Ihre Rasenfläche können Sie jederzeit begehen, die Kinder dürfen darauf spielen. Blumenwiesen sind nicht als Spielwiesen für Federball oder Boccia zu gebrauchen. Der große Vorteil der bunten Wiese: Sie ist pflegeleichter und schöner.

Schwingen Sie die Sense!

Heute werden tatsächlich manchmal Kurse zum Erlernen des Umganges mit der Sense angeboten. Vielleicht finden Sie auch einen älteren Landwirt, der es Ihnen bestimmt gerne zeigen wird. Wer den Schwung heraus hat, wird bestätigen, daß die Mahd mit der Sense Spaß macht. Betrachten Sie es einfach als gesunden Sport. Wer sich gar nicht damit anfreunden kann, kauft einen Balkenmäher. Er schafft spielend leicht

auch Wiesenaufwuchs, der bis nach der Hauptblüte stehenblieb und bereits teilweise verholzte Stengel enthält.

Kinder in der Blumenwiese

Auch für Kinder kann eine Blumenwiese interessant sein, wenn Sie nicht Wert auf einen makellosen, dichten Blütenflor legen. Ganz von allein bilden sich Trampelpfade zu wichtigen Punkten im Garten. Vielleicht richten sich die Kinder auch ein lauschiges

Die wichtigsten Wiesenkräuter

- ☐ Schafgarbe (weiß)
- ■ Kriechender Günsel (blau)
- ■ Frauenmantel (gelbgrün)
- ■ Ehrenpreis (blau)
- ■ Glockenblume (blau)
- ■ Wegerich (rosa)
- ■ Flockenblume (violett)
- ■ Margerite (gelb-weiß)
- ■ Echtes Labkraut (gelb)
- ■ Wiesenstorchschnabel (blau)
- ■ Johanniskraut (gelb)
- ■ Frauenflachs (gelb)
- ■ Kuckuckslichtnelke (rosa)
- ■ Wiesensalbei (blau)
- ■ Taubenskabiose (violett)
- ■ Wiesenbocksbart (gelb)

Kuckuckslichtnelke liebt feuchte, nährstoffreiche Standorte.
40 cm VI–VIII

Der Wegerich stellt sich auf fast jedem Rasen auf lehmigem Boden von selbst ein.
30 cm V–IX

Die Bunte Kronwicke wächst staudenartig in wenig gemähten Flächen. Der Boden darf steinig-trocken und nährstoffarm sein.
40 cm VI–VII

Löwenzahn und Gänseblümchen
in einem Gebrauchsrasen.

So wird Ihr Rasen bunt

- *Nicht mehr düngen*

- *Im ersten Jahr der Umstellung häufig mähen, Gras sauber abrechen.*

- *Ab dem zweiten Jahr nur noch in Juni/Juli und im Oktober mähen. Hierzu brauchen Sie eine Sense oder einen Balkenmäher.*

- *Bei schweren Böden Sand einarbeiten.*

- *Nachhelfen können Sie mit dem Einpflanzen standortgerechter Wiesenkräuter.*

So entsteht eine neue Blumenwiese

- *Am besten ist ein nährstoffarmer, nicht allzu humoser Boden.*

- *Saatfertig herrichten.*

- *Saatgutmischung mit geringem Anteil an Gräsern und hohem Anteil mehrjähriger Wiesenkräuter wählen.*

- *Meiden Sie Mischungen mit einem hohem Anteil an Mohn, Kornblumen und anderen kurzlebigen Ackerkräutern.*

Kriechender Günsel überzieht den Boden mit feinem Blattwerk.

15 cm   V–VII

Gänseblümchen schmücken die Grünflächen fast ganzjährig mit ihren zierlichen Blütensternen.

10 cm   II–X

Plätzchen hinter besonders hohen Wiesenblumen ein.

Und die Erwachsenen können sich wirklich hin und wieder mit einem guten Buch in der Hand in die Wiese legen. ■

Gebrauchsrasen

Die meisten Familien wünschen sich eine Grünfläche zum Spielen, als Wäscheplatz und als Liegewiese.

Aerifizieren soll Luft an die Wurzeln der Rasengräser bringen.

Machen Sie sich möglichst wenig Arbeit mit dieser Fläche. Der Ehrgeiz, seinen Gästen eine makellose Grünfläche zu präsentieren, muß mit viel Gießwasser, Dünger und Mühe erkauft werden. Für reine Zierrasen gibt es spezielle Gräserarten, die möglichst wenig betreten werden sollten. Sportra-

sengräser, wie sie in den Fußballstadien aufwendig gepäppelt werden, sind sehr anspruchsvoll. Verlangen Sie zur Neuanlage Ihrer Grünfläche eine strapazierfähige Gebrauchsrasenmischung. Stören Sie sich nicht an einigen Blümchen im Rasen. Diese Kräuter bleiben grün, wenn Ihr Rasen nicht täglich von früh bis spät begangen wird.

Oben hui, unten pfui

Wer den Ehrgeiz hat, alle Kräuter aus seinem Zierrasen zu verdrängen, muß viel Mühe und hohe Düngergaben investieren. Der Stickstoff als wichtigster Motor des Pflanzenwachstums kommt besonders den Gräsern zugute. Andererseits sollte jeder Gartenbesitzer wissen, daß ein

Moos im Rasen macht sich dort breit, wo sich die Gräser nicht wohl fühlen.

Teil der Stickstoffgaben spätestens im Herbst, wenn das Pflanzenwachstum nachläßt und verstärkte Niederschläge einsetzen, als Nitrat ins Grundwasser ausgewaschen werden. Wo makelloser Rasen wächst, wird das Grundwasser darunter durch Nitrat belastet.

Verflixtes Moos

Das Moos verdrängt nicht das Gras, wie viele glauben, sondern es kann sich nur dort breitmachen, wo der Rasen nicht richtig gedeiht. Das Grundproblem besteht also nicht darin, das Moos wegzubringen, sondern es müs-

*Moos im Rasen –
ein Ärgernis, gegen
das man aber etwas
unternehmen kann.
Lassen Sie Licht
an die Fläche und
vertikutieren Sie den
Boden.*

sen für die Gräser bessere Wachstumsbedingungen geschaffen werden. Ursache für Lücken im Rasen sind meistens Lichtmangel, verdichteter, zu tonhaltiger Boden, zu viel oder seltener zu wenig Kalk im Boden.

So gehen Sie vor:

● Mehr Licht: Dünnen Sie beschattende Gehölze aus. Wo dies nicht möglich ist, sollten Sie auf Rasen verzichten und schattenverträgliche Gewächse pflanzen (vgl. S. 25).

● Mehr Luft im Boden: Die schonendste Maßnahme ist das Vertikutieren. Damit dringen Sie jedoch nur wenige Zentimeter in

den Boden ein. Wirksamer ist das Lüften des Rasens mit einem Spezialgerät zum Schlitzen oder Löchern. Daher sollten Sie diese Arbeit durch ein Unternehmen des Garten- und Landschaftsbaues durchführen lassen. Zu sätzlich sollten anschließend 5 cm gewaschener Sand aufgetragen und eingerecht werden. Als Alternative dazu könnten Sie den Rasen vollständig umstechen und neu anlegen. Hierzu arbeiten Sie wiederum bei trockener Witterung mindestens 5 cm, besser 8 cm dick Sand ein. Alle Arbeiten sollten bei mäßig feuchtem bis trockenem Boden durchgeführt werden. Nasser

Boden kann sich noch weiter verdichten.

● Richtiger Kalkgehalt: Rasengräser wünschen einen pH-Wert

Rollrasen wird auf fertig vorbereitetem Boden einfach abgerollt.

um 5,5 bis 6. Ergibt eine Untersuchung niedrigere Werte, bringen Sie Kalk ein. Höhere Werte senken Sie langfristig durch die Verwendung saurer Rasendün-

Terrasse mit buntem Rahmen, mauern Sie sich aber nicht ein.

Ein wohnlicher Sitzplatz im Grünen

Viele Gartenbesitzer bemessen Platten- oder Pflasterbeläge für ihre Wohnterrasse zu großzügig. Später versuchen sie dann, mit zahlreichen Pflanzgefäßen und Blumenkübeln die allzu kahlen Areale gemütlicher zu gestalten. Pflanzen in Gefäßen beanspruchen jedoch viel Aufmerksamkeit und wollen gegossen werden.

siehe auch Seite 90

Wenn auch Sie allzu ungemütliche Sitzplätze mehr eingrünen wollen, können Sie sich zunächst mit wüchsigen Kletterpflanzen am Rand behelfen, die im Boden wurzeln und daher pflegeleicht sind. Andererseits wirken einige Kübelpflanzen so wohnlich, daß kaum jemand auf sie verzichten möchte. Tips und Hinweise zur einfachen Pflege finden Sie auf Seite 92.

Besonders pflegeleicht sind Skulpturen, die aber nicht jedermanns Sache sind. Je nach Geschmack und Geldbeutel wählen Sie zwischen künstlerisch hochwertigen Plastiken oder einfachen Gefäßen, interessant geformten Steinen, Quellsteinen oder Tonkugeln. Der Fachhandel bietet eine reichhaltige Auswahl an.

Sitzplätze, die etwas tiefer als ihre Umgebung liegen, wirken am gemütlichsten. Ganz geschickte Gartenplaner begrenzen einen solchen Sitzplatz mit einer gemütlichen Sitzmauer. Solche versenkten Gartenteile halten abends auch länger die Wärme.

Viele wärmeliebende Kübelpflanzen gedeihen an einer solcherart windgeschützten Terrasse besonders gut.

Bei der Gartenanlage bedeutet das Tieferlegen des Sitzplatzes zwar einen erhöhten Aufwand. Es sollte etwa 50 cm tiefer als die Umgebung das Erdreich ausgehoben werden. Dann bieten sich

Ein sorgfältig geplanter Platz, der zum Verweilen einlädt und viel Abwechslung fürs Auge bietet. Wird es im Sommer zu heiß, kann man sich unter das Blätterdach der begrünten Laube zurückziehen.

jedoch zahlreiche Möglichkeiten für die Gestaltung der Ränder. Am einfachsten ist eine Böschung zu gestalten. Für eine Sitzmauer eignen sich große Steinblöcke. Kleinere Steine legen Sie zu einer Trockenmauer. Auf verfugte Mauern können Sie Sitzroste aus Holz anbringen. ■

Robuste Kübelpflanzen

Brautmyrte

Sie liefert auf Bauernhochzeiten zarte Anstecksträußchen für die Gäste. Beim nächsten Familienfest können Sie Ihre Kübelpflanze stutzen. Im Sommer erscheinen cremeweiße Blüten

Engelstrompete

Eine der starkwüchsigsten Kübelpflanzenarten, von der es weiß-, gelb- und rosablühende Sorten, teilweise mit intensivem Duft, gibt. Sie soll im Winter stark zurückgeschnitten und alljährlich neu in nahrhaftes Substrat gepflanzt werden.

Feigenbaum

Sie können Feigen aus den Samen getrockneter Früchte leicht selbst anziehen, werden dann aber nur eine Grünpflanze haben. Fruchttragende Sorten sind veredelt. Die Pflanze verliert nach einer intensiv gelben Herbstfärbung das Laub und kann dann dunkel stehen.

Oleander

Gefüllte Sorten in weiß, rosa oder rot, faulen bei regnerischem Wetter schnell und werden unansehnlich. Bevorzugen Sie einfachblühende Sorten oder solche mit doppeltem Blütenkranz. Es gibt davon auch aparte Farbsorten in dunkelrot oder cognacfarben.

Hinweise zur Überwinterung: Das Winterlager soll hell und gleichzeitig mit 2–4 °C sehr kühl sein. Sie erreichen dies durch Lüften bei kühler Witterung, in Wärmeperioden das Fenster schließen.

Tip: Sparen Sie sich die mühevolle und oft schmutzträchtige Einwinterung. Viele Gärtnereien bieten die fachgerechte, aber nicht billige Überwinterung Ihrer wertvollen Pflanzen als Service. ■

Enzianstrauch

Dankbarer Dauerblüher mit violettblauen Blüten. Zum Winterausgang ist ein starker Rückschnitt mit Einkürzen der Triebe um die Hälfte ratsam.

Hammerstrauch

Viel zu wenig verbreitet ist dieser pflegeleichte und wuchsfreudige Verwandte von Enzianstrauch und Engelstrompete. Er wird gepflegt wie Fuchsien und verträgt auch einen kräftigen Rückschnitt.

Wandelröschen

Wandelröschen gibt es in den Farben weiß, gelb, gelborangerot und violett-gelb. Im Winter verträgt die Pflanze viel Trockenheit, verliert dann alle Blätter und treibt dennoch ab März nach starkem Rückschnitt wieder willig aus.

Korallenstrauch

Leuchtend rot blüht dieser pflegeleichte Kleinstrauch im Hochsommer. Er braucht nicht viel Platz bei der Überwinterung, weil er jährlich radikal zurückgeschnitten wird.

Fuchsie

Es gibt hunderte Sorten, die sich in Blütenfarbe, -form, -größe und im Wuchstyp unterscheiden. Vorherrschende Farbtöne sind violettblau, rot, rosa und weiß.

Die Pflege der Kübelpflanzen

Unpünktliches Wässern oder falsch bemessene Düngung beantworten Kübelpflanzen zwangsläufig durch Wachstumseinbußen.

Wählen Sie daher robuste, wüchsige Arten, wie sie auf den Seiten 90 und 91 beschrieben sind.

Größere Gefäße speichern mehr Wasser und Nährstoffe, umso größer dürfen also die Gießabstände sein.

Verwenden Sie nur hochwertiges Substrat. Es soll tonhaltig und grobfaserig sein.

Eine automatische Bewässerung nimmt Ihnen besonders viel Arbeit ab. Mit ihrer Hilfe können Sie sogar unbesorgt in Urlaub fahren.

siehe auch Seiten 50/51

Das passende Gefäß wertet jede Kübelpflanze auf. Tongefäße erinnern an die südliche Heimat der meisten Kübelpflanzen. Sehr edel wirken Holztröge oder Gefäße aus Metall. Korrodierendes Kupfer kann jedoch zu Pflanzenschäden führen. Am preisgünstigsten sind Kunststoffgefäße. Sie sind nach der Seite völlig wasserdicht, halten daher die Feuchtigkeit länger. Sie sollten jedoch die Gefäßwände durch überhängende Pflanzen oder durch eine Verkleidung beschatten, damit sich der Wurzelballen nicht zu stark aufheizt. Bauchige Gefäße wirken elegant und natürlich. Leider lassen sich die Wurzelballen daraus kaum austopfen. Entweder müssen Sie die Wurzeln vor dem Austopfen beschneiden oder das Pflanzgefäß aufschlagen. Verwenden Sie daher nur nach unten enger werdende Pflanzgefäße.

Winterharte Kübelpflanzen

Wenn Sie sich Schmutz im Haus und die Mühe des Einwinterns sparen wollen, sollten Sie winterharte Kübelpflanzen aussuchen. Sie stehen im Sommer auf Ihrer Terrasse. Im Spätherbst vergraben

Germanische Mispel in bauchige. Gefäß.

Brautmyrte in bauchigem Gefäß.

Enzianbaum im Kartoffelkorb zwischen Stauden ausgepflanzt.

Sammlung mediterraner Pflanzen: Oleander, Mispel, Ölbaum.

Tip
Natur Buch

Halten Sie die wüchsigsten Arten im Kartoffelkorb, wie er in jedem Gartenfachmarkt zu haben ist. In diesem Korb steht die Pflanze wie in einem normalen Topf. Im Mai graben Sie den Korb im Gartenboden ein. Die Pflanze holt sich nun mit Hilfe zahlreicher neugebildeter Wurzeln Wasser und Nährstoffe aus ihrer Umgebung und braucht nicht mehr so häufig gegossen zu werden. Im Herbst nehmen Sie den Kartoffelkorb heraus, umwickeln ihn mit Plastikfolie und stellen die Pflanze mit den übrigen Kübelpflanzen ins Winterquartier.

Sie die Gefäße im Gartenboden an einer wenig besonnten Stelle und überdecken die Bodenoberfläche zusätzlich mit Stroh, Falllaub oder getrocknetem Rasenschnitt. Geeignete Arten sind Obstgehölze, auch Feigen sowie Weinreben, Liguster oder winterharte Maghellan-Fuchsien. ■

Anhang

Bodenunter-suchung als Grund-lage für die richtige Düngung

Eine Bodenuntersuchung informiert über die Nährstoffversorgung des Bodens. Adressen finden Sie in den »Gelben Seiten«. Die staatlichen Untersuchungsanstalten sind im

Verband Deutscher Landwirt-schaftlicher Forschungs- und Untersuchungsanstalten, Bismarkstraße 41a 64293 Darmstadt

zusammengeschlossen. Dort kann man Ihnen auch die nächstgelegene Untersuchungsanstalt nennen. Die Landwirtschaftskammer bzw. die Ämter für Landwirtschaft können Ihnen private Adressen empfehlen.

Lassen Sie sich vor der Probenentnahme am besten vom jeweiligen Institut zur richtigen Durchführung und zum Versand eine Anleitung schicken. Falsch entnommene Proben führen zu unrichtigen, und damit wertlosen Untersuchungsergebnissen. Wenn Sie sich genau an die Anleitung halten, kann aber nichts schiefgehen. Außerdem ist es sinnvoll, sich gleich einen Kostenvoranschlag mitschicken zu lassen.

Die Standarduntersuchung (Säuregrad, Phosphat, Kali) kostet zwischen 11,– und 14,– DM, mit Magnesium meist etwa 22,– DM. Wenn Sie dem Institut mitteilen, auf welche Art der Boden genutzt werden soll, zum Beispiel als Rasen oder als Gemüsebeet, so erhalten Sie bei vielen Instituten kostenlos noch eine Düngeberatung.

Bei der Beurteilung der Untersuchungsergebnisse hält man sich an die Richtwerte. Für die meisten Gartenzwecke ideal sind dabei folgende Werte:

10–20 mg Phosphat/100 g Boden
15–30 mg Kali/100 g Boden
7–15 mg Magnesium /100 g Boden.

Der optimale Säuregrad, gemessen als pH-Wert, liegt für tonige Böden bei pH 7, für sandige um pH 5.

Liegen Ihre Meßergebnisse in diesem Bereich, dürfen Sie das bei bereits bestehenden Gärten als einen Beweis für eine bisher richtige Düngung bewerten. Sie können düngen wie gewohnt oder Sie halten sich an die allgemeinen Düngeempfehlungen. Liegen Ihre Meßwerte darunter, so sollten Sie stärker als üblich düngen. Haben Sie – wie die Mehrzahl der Gartenbesitzer – hohe Meßergebnisse, so sollten Sie in Zukunft sparsamer mit Dünger umgehen.

Der richtige Dünger für jeden Zweck

Die verschiedenen Gartenbereiche haben unterschiedlich hohe Ansprüche an die einzelnen Nährstoffe. Beispiele:

	Stickstoff	Phosphat	Kali
Rasendünger	20	5	8
Baumdünger	10	8	18
Gemüse	15	5	20%
Sommerblumen	15	5	20%
Erdbeeren	15	5	20%
Rosen	15	5	20%

Von einem Dünger, der die Nährelemente etwa im genannten Verhältnis aufweist, bringt man jährlich so viel aus, daß die erforderliche Stickstoffmenge sichergestellt ist.

Beispiel: Gebrauchsrasen 6 g Stickstoff. Sie sind enthalten in zwei Gaben von je 15 g eines Rasendüngers mit 20% Stickstoff. Übrigens enthalten 10 l Kompost ebenfalls etwa 5 g Stickstoff.

Automatische Bewässerung

Im Fachhandel sind zahlreiche Systeme erhältlich. Einige von ihnen führt die Firma Beckmann in 88239 Wangen.

Gartengestaltung vom Fachmann

Solide gestaltete Gärten, bei denen bereits bei der Anlage an die spätere Pflege gedacht wurde, erleichtern die Arbeit beträchtlich. Fachliche Hilfe bei der Gartenplanung bekommen Sie von einem Landschaftsarchitekten. Sie finden Adressen in den »Gelben Seiten« unter dem Stichwort »Garten- und Landschaftsarchitektur« bzw. unter »Garten und Landschaftsplanung«. Hilfestellung bei der Suche nach dem richtigen Ansprechpartner gibt auch der

Bund Deutscher
Landschaftsarchitekten, (BDLA)
Colmanstraße 32
53115 Bonn.

Geht es um einfachere Fragen der Gartengestaltung, vielleicht nur um Details wie eine Treppe oder eine Terrasse, so können Sie sich gleich an ein Unternehmen des Garten- und Landschaftsbaus wenden. Diese finden Sie ebenfalls in den »Gelben Seiten« oder Sie lassen sich vom

Verband Garten-, Landschafts-
und Sportplatzbau e.V.
Leharstraße 1
82166 Gräfelfing

Adressen in Ihrer Nähe geben.

Für Stauden, Bäume, Sträucher und Gartenzubehör:

Gärtner Pötschke Versand,
41561 Kaarst.

Unter der Telefonnummer 02131/793397 können Sie einen Katalog anfordern.

Register